Anders schön

Ilka Brühl

Anders schön

Wie ich lernte, mich selbst zu lieben

Patmos Verlag

VERLAGSGRUPPE PATMOS

PATMOS
ESCHBACH
GRÜNEWALD
THORBECKE
SCHWABEN
VER SACRUM

Die Verlagsgruppe
mit Sinn für das Leben

Für die Schwabenverlag AG ist Nachhaltigkeit ein wichtiger Maßstab ihres Handelns. Wir achten daher auf den Einsatz umweltschonender Ressourcen und Materialien.

Bibliografische Information der Deutschen Nationalbibliothek
Die Deutsche Nationalbibliothek verzeichnet diese Publikation in der Deutschen Nationalbibliografie; detaillierte bibliografische Daten sind im Internet über http://dnb.d-nb.de abrufbar.

Umschlaggestaltung: Finken & Bumiller, Stuttgart
Coverfoto: © Birke Fähnrich
Druck: CPI books GmbH, Leck
Hergestellt in Deutschland
ISBN 978-3-8436-1255-5 (print)
ISBN 978-3-8436-1327-9 (eBook)

INHALT

Für alle, die schon an mich geglaubt haben,
als ich es selbst noch nicht konnte.

INTRO

S chweinenase!«, er meinte mich.
Ein Junge aus der Parallelklasse starrte mich an und
machte dabei grunzende Geräusche.

»Immerhin bin ich nicht so verblödet wie du«, konterte
ich.

Auf den Mund gefallen war ich nicht, aber natürlich
versetzte mir seine Beleidigung einen Stich. Ich sah ja
wirklich nicht aus wie die anderen.
Ich wurde mit einer Fehlbildung geboren, einer Nasen-
Lippen-Spalte, die ich oft als Gesichtsspalte bezeichne,
weil mein ganzes Gesicht anders wirkt. Es betrifft meine
krumme Nase mit überdimensionierten Nasenlöchern,
meinen Mund und meine Augen. In der Kindheit litt ich
noch nicht sonderlich darunter. Es gab so viele andere
spannende Dinge zu tun, als mir darüber Gedanken zu
machen, dass meine Lippe immer etwas hochgezogen war.
Außerdem konnte ich damit für Erheiterung in der Klasse
sorgen, weil ich mit einem Strohhalm trinken konnte,
ohne den Mund zu öffnen: »Hey, schaut mal her, was ich
kann, wollt ihr einen coolen Trick sehen?« Passenderweise
war ein Schneidezahn um 90 Grad gedreht, sodass ich den
Halm einfach durch die Zahnlücke führen konnte.

Besser du steuerst selbst, wann andere über dich lachen,
als ernsthaft verspottet zu werden. Das war meine Devise.

9

Erst in der Pubertät bröckelte die Fassade. Ich überspielte vieles und in der richtigen Gesellschaft war ich keineswegs schüchtern. Aber um alles in der Welt hätte ich gerne ein normales Gesicht gehabt. Eines, das zum Verlieben einlud, und keines, das eine Hürde für andere war. Wie sollte ein Junge jemals Gefühle für mich entwickeln? Wie sollte jemand die legendären inneren Werte bei mir entdecken, wenn er vom Äußeren schon so abgeschreckt war, dass er mich nicht weiter kennenlernen wollte? Und was für innere Werte sollten das überhaupt sein? Hatte der Junge aus der Parallelklasse recht? War ich ein Freak? Verdammt zu lebenslanger Einsamkeit? Düstere Aussichten für ein junges Mädchen. Doch zum Glück kam alles anders ...

Aber der Reihe nach.

DIE ÜBERRASCHUNG

Der Tag meiner Geburt war einer dieser ungemütlichen Wintertage, die wir in Norddeutschland oft erleben, grau und nass – von wegen Winter Wonderland. Mein Vater schaute sorgenvoll aus dem Fenster, ob er meine Mutter bei diesem Schmuddelwetter sicher in die Klinik fahren konnte, so nervös, wie er war. Denn die Wehen hatten eingesetzt. Meine Mutter hatte es sich in einem Sessel bequem gemacht, soweit eine einigermaßen komfortable Sitzposition möglich war. Eine gewisse Aufregung breitete sich vor ihrer ersten Geburt in ihr aus, aber im Grunde war sie entspannt. Es deutete nichts darauf hin, dass mit mir irgendetwas nicht stimmen könnte. Die Vorsorgeuntersuchungen waren alle unauffällig und so warteten meine Eltern zuversichtlich auf den Moment, an dem es endlich losgehen sollte, und freuten sich auf die Geburt ihrer ersten Tochter.

Während der Autofahrt waren beide still. Das Radio lief, aber sie hingen ihren Gedanken nach. Was muss das für ein Gefühl sein, gleich Eltern zu werden? Innerhalb kürzester Zeit stellt sich das ganze Leben auf den Kopf. Mein Vater warf immer wieder Blicke zu meiner Mutter hinüber, die mit geschlossenen Augen und den Händen auf dem Bauch auf dem Beifahrersitz saß. Wie gerne würde er sie bei dem unterstützen, was gleich auf sie zukam. Etwas ausrichten konnte er nicht. Sie hatten allerlei über Geburten gelesen und gehört. Wie würde es bei ihnen werden? Diese Gedanken wurden unterbrochen, als sie den Parkplatz erreichten. Mein Vater nahm das Gepäck und half meiner Mutter aus dem Auto. Die Wehen kamen mittlerweile in kurzen Abständen und ab da ging es relativ schnell.

Als protestierendes Kindergeschrei ertönte, konnte meine Mutter es gar nicht abwarten, ihr Kind in die Arme zu schließen. Die Krankenschwestern wechselten einen Blick, den sie nicht deuten konnte.

»Was ist denn los?« Ängstlich sah meine Mutter die Krankenschwester an. Stimmte etwas nicht? Eben noch hatte sie sich völlig kaputt gefühlt, doch nun erwachte die Löwenmutter in ihr. Etwas war nicht in Ordnung, das merkte sie.

In dem Moment legte ihr die Hebamme das Baby auf den Bauch. Es kam ihr so klein und zerbrechlich vor. Da sah sie es auch. Mit dem Gesicht stimmte etwas nicht ...

Der Arzt erklärte meinen Eltern in ruhigem Ton, was mit mir los war: »Ihre Tochter hat eine Lippen-Kiefer-Gaumen-Fehlbildung. Das Gesicht ist nicht richtig zusammengewachsen. Auf den ersten Blick erkenne ich eine Nasen-Lippen-Spalte, doch wir müssen überprüfen, ob Kiefer und Gaumen auch betroffen sind. Machen Sie sich keine Sorgen, das ist heutzutage kein Problem mehr.«

Kein Problem mehr? Was sollten sie mit dieser Information anfangen? In einem Moment war da die pure Freude, dass die Schwangerschaft ein Ende hatte und sie ihr Kind in den Armen halten konnten. Das hatten sie geschafft. Jetzt waren sie eine richtige Familie. Aber wie würde es weitergehen? Was für Konsequenzen hatte diese

Fehlbildung? Würde für ihre Tochter ein normales Leben möglich sein? Meine Mutter drückte ihr Neugeborenes an sich. In dem Moment war klar, dass es nichts ändern würde. Wie ungewiss die Zukunft auch war, sie liebte ihr Kind jetzt schon.

Doch zunächst wurden wir voneinander getrennt, weil ich in ein anderes Krankenhaus transportiert wurde. Für meine Mutter war das nicht leicht. Nachdem sie neun Monate ein Kind im Bauch getragen und es unter großen Schmerzen zur Welt gebracht hatte, wollte sie es nur bei sich haben. Mein Vater konnte mich zwar begleiten, aber wer lässt schon gerne seine Frau allein, die gerade eine Geburt hinter sich hatte? Es war nicht dieser Bilderbuchmoment, den sich werdende Eltern immer ausmalen. Stattdessen saß mein Vater vor einem Glaskasten, in dem ich lag, und meine Mutter war völlig allein.

»Ihre Tochter kann nicht durch die Nase atmen. Die Atemwege darin sind zugewachsen«, eröffnete ein Arzt meinem Vater. Seit meiner Geburt waren zwei Tage vergangen. Verarbeitet hatten sie das alles noch nicht, aber ein Hauch Normalität war eingekehrt. Und nun das. Der Arzt hatte mich lange beobachtet und festgestellt, dass ich Schwierigkeiten beim Atmen hatte. Im Mutterleib werden Kinder über die Nabelschnur mit Sauerstoff versorgt. In den ersten Lebensmonaten atmen Babys ausschließlich durch die Nase. Die Mundatmung muss mühsam erlernt werden. Der Arzt war also zurecht verwundert, dass ich alle paar Sekunden angestrengt durch den Mund nach Luft schnappte. Normalerweise ist die Nasenatmung einer der ersten Vorgänge, die nach der Geburt überprüft wurden. Bei mir muss diese Kontrolle durch den Krankenhauswechsel auf der Strecke geblieben sein. Alle glaubten, das andere Ärzteteam hätte das erledigt. Jetzt war Eile geboten, denn ich bekam kaum Luft. Die Verwachsungen in der Nase mussten entfernt werden. Noch keine Woche auf der Welt, stand mir die erste Operation bevor.

ENDLICH LUFT

M eine Mutter hatte sich die Zeit nach der Geburt sicher anders vorgestellt. Bald nach Hause aufs gemütliche Sofa zur Erholung von den Strapazen, neben sich ein glucksendes, hungriges und natürlich gesundes Baby, die Verwandten kommen mit Kuchen und Blumen vorbei. Aber wir mussten erst mal im Krankenhaus bleiben.

Die Gesamtsituation war für alle belastend. Durch die Trennung – ein Familienzimmer hatten wir nicht bekommen – und meine Atemprobleme klappte es mit dem Stillen nicht, sodass ich über eine Flasche ernährt wurde.

Umso mehr setzten meine Eltern ihre Hoffnung in die erste Operation. Dabei wurde das blockierende Gewebe in der Nase durchtrennt und dann zwei Röhrchen eingesetzt. Diese sollten verhindern, dass die Öffnungen wieder zuwachsen. Nach ungefähr sieben Monaten könnte man die Platzhalter entfernen, ohne eine Rückbildung zu befürchten.

Die Zeit des Eingriffs kam ihnen ewig vor. Ob alles gut ging? Die Vorstellung, wie ein Ärzteteam mit ihren Geräten in dieser winzigen Nase herumhantierte, machte sie ganz kirre. Auch wenn es ein Routineeingriff war, konnte so vieles schiefgehen. Manche Babys wachten beispielsweise nicht mehr aus der Narkose auf. Endlich wurden die quälenden Gedanken unterbrochen, als der Arzt aus dem OP-Saal kam. Er sah geschafft, aber zufrieden aus. Das bedeutete etwas Positives, oder?

»Wir konnten die Blockaden komplett entfernen und die Atemhilfen einsetzen.«

Erleichterung durchfuhr meine Eltern. »Das ist ja großartig, wann können wir zu ihr?«

»Sie muss noch ein bisschen beobachtet werden, aber wir bringen sie Ihnen bald zurück.«

Geschafft. Noch nicht mal eine Woche auf der Welt, hatte ich das Leben meiner Eltern schon gewaltig auf den Kopf gestellt.

Auf vertraute Momente daheim müssten wir weiterhin verzichten. Ich lag im Brutkasten, um mich von den Strapazen der Operation zu erholen. Meine Eltern pendelten täglich zwischen unserer Wohnung und dem Krankenhaus hin und her. Die Verwandten, die mich sehen wollten, mussten sich in grüne Krankenhauskittel hüllen, um keine Keime einzuschleppen. Wie haben sie sich gefühlt beim Anblick eines frisch operierten Babys mit geschwollenem Gesicht? Hatten sie Mitleid mit meinen Eltern? Empfanden sie Abscheu? Wenn ich Fotos aus der Zeit betrachte, glaube ich das nicht. Alle strahlen und wirken trotz der ungeplanten Umstände wie stolze Verwandte. Auch meine Eltern sehen glücklich aus auf diesen Fotos. Um nichts auf der Welt würden sie ihr Kind wieder hergeben.

Ein paar Wochen später wurde ich entlassen und durfte nach Hause. Aber es blieb aufregend für meine Eltern. Beim ersten Kind fehlt einem die Erfahrung. Dauernde Zweifel, ob man alles richtig macht. Warum schreit das Baby denn so viel? Wieso ist es jetzt so still? Muss ich mehr tun oder weniger?

Und meine Spalte brachte zusätzliche Tücken mit sich. Über die Röhrchen ließ es sich einigermaßen atmen, doch diese setzten sich schnell zu. Die Lösung? Sie mit einer Art Ministaubsauger zu leeren. Manchmal waren die Atemhilfen so verkrustet, dass sie erst mit Kochsalzlösung eingeweicht werden mussten. Trotzdem war die anschließende Reinigung unangenehm, weshalb sie von großem Babygeschrei begleitet wurde. An manchen Tagen musste mein Vater ran. Dem fiel es etwas leichter, einmal beherzt zu agieren, mit dem Wissen, dass sich die Prozedur sonst noch länger hinziehen würde.

Im Grunde habe ich ihnen also einen Gefallen getan, als ich mir die lästigen Dinger nach vier Monaten selbst rauszog. Schwierig war das nicht, denn sie wurden nur von einem Tape fixiert. Ein kurzer Blick zu mir, irgendwas war anders … nur was? Die Röhrchen fehlten, Panik! Konnte einem dieses Kind denn nicht einmal eine ruhige Minute gönnen? Erneut ins Krankenhaus. Dort konnte der Schaden zwar behoben werden, aber es war nur eine Frage der Zeit, bis ich wieder Hand anlegen würde. Es musste etwas geschehen, denn ohne die Röhrchen in der Nase drohte ich zu ersticken.

Was für ein glücklicher Zufall, dass der Chef der Notaufnahme am Schichtende noch mal seinen Blick über die Patienten schweifen ließ und noch mal entdeckte. Er erinnerte sich, uns hier häufiger gesehen zu haben, und kam mit meinen Eltern ins Gespräch. So verriet er ihnen, dass sein ehemaliger Professor in Hamburg eine fortschrittliche Operationsmethode entwickelt hat. Er könne meine zugewachsenen Atemwege komplett durch den Gaumen operieren, um äußere Narbenbildung zu verhindern. Außerdem ist die Zugänglichkeit durch die kleine Nase ungünstig, was den Eingriff erschwert und häufig zu weiteren Verformungen führt.

Jetzt galt es nur, einen Termin zu bekommen. Wir hatten Glück und wurden kurze Zeit später in Hamburg vorstellig. Schon den ganzen Tag waren meine Eltern aufgeregt, ob man uns würde helfen können. War die Methode geeignet? Sie erzählten dem Professor von meiner Harakiri-Aktion und er begann, mich zu untersuchen.

»Von diesen Röhrchen halte ich eh nicht viel, da nur ein kleiner Durchgang für die Luft entsteht. Oft wächst dieser dann nach der Entnahme teilweise wieder zu. Wird hingegen der Gaumen geöffnet, kann ich großzügiger aufräumen und die Atmung verbessern.«

Das klang doch nach einer Lösung! Kurz darauf wurde ich erneut operiert. Meine Mutter durfte diesmal in einem Beistellbett mit mir im gleichen Raum schlafen und mein Vater hatte sich ein Hotel gegenüber gebucht. Frisch nach dem Eingriff war mein Gesicht angeschwollen und blutig. Doch spätestens als die Wunden verheilt waren, konnte man erkennen, wie viel die Operation gebracht hatte. Optisch fiel sofort ins Auge, dass die Röhrchen weg waren. Außerdem wurde die Haut unter der Nase verbunden und meine Lippe korrigiert. Vorher konnte man zwischen dem rechten Nasenloch und dem Mund auf weiches Gewebe schauen, das sich rosa von der Haut abhob. Das war geschlossen worden, wodurch ich »normaler« aussah. Es blieb zwar die Asymmetrie, aber mein Erscheinungsbild war wesentlich unauffälliger geworden. Beim anschließenden Nachsorgetermin zeigte sich der Professor zufrieden und so standen erst mal keine weiteren Eingriffe an.

Aber nicht nur mein Aussehen wurde verbessert. Zum ersten Mal in meinem kurzen Leben bekam ich vernünftig

Luft! Das mühsame Atmen hatte ein Ende. Nicht nur das Trinken wurde leichter, ich blühte insgesamt auf. Vorher träge und schlapp, wurde ich nun aktiv. Der Grundstein für das quirlige Kind, das ich werden sollte, war gelegt.

Ich bin mir sicher, dass das Verhalten meiner Eltern eine große Rolle für meine Entwicklung gespielt hat. Sie waren stets liebevoll zu mir. In der Anfangszeit im Krankenhaus waren sie jeden Tag bei mir, weil die Ärzte ihnen versichert hatten, dass ihre Nähe mir guttue. Für sie war das selbstverständlich, aber sie hörten von Fällen, in denen Eltern nicht zu ihren »besonderen« Kindern stehen konnten. Manche waren mit dieser Situation so überfordert, dass es ihnen nicht möglich war, ihren Nachwuchs zu lieben. Da hatte ich großes Glück. Meine Eltern ermöglichten mir wichtige Operationen, versuchten aber nicht, mich zu ändern. Sie standen selbstbewusst zu ihrem Kind, egal ob andere mich anglotzten oder mitleidig in den Kinderwagen lugten.

Nach dem Eingriff in Hamburg kehrte erst mal Normalität ein. Die ersten Lebensjahre verbrachte ich deshalb wie andere Kinder. Als ich zwei Jahre alt war, wurde meine Schwester geboren, die gesund auf die Welt kam. Natürlich eine Erleichterung für meine Eltern, weil sie sich weniger Sorgen um ihr Kind machen mussten. Aber sie hätten auch ein zweites Kind mit einer Fehlbildung geliebt, darauf hatten sie sich innerlich vorbereitet. Sie hatten sich von Anfang an zwei Kinder gewünscht. Wir wuchsen zusammen auf und wurden gleich behandelt. Ich war nicht der Schandfleck mit Makel und meine Schwester die lang ersehnte Hoffnung auf Normalität. Da ich keine Einschränkungen hatte, lebten wir genauso wie jede vierköpfige Familie. Rückfragen von uns oder anderen Kindern zu meiner Spalte wurden stets ehrlich beantwortet, aber im gleichen Atemzug erklärt, dass das nichts Komisches sei. Manche Menschen hätten eben ein symmetrisches Gesicht, andere nicht. Dieser bedingungslose Rückhalt, ohne in Watte gepackt zu werden, war entscheidend für meinen Werdegang.

NICHT DIE SCHON WIEDER

Wir spielen nicht mit Hexen!«
Wie, was, wo? Verdutzt sah ich mich um. Meinten die etwa mich? Wir hockten unter dem Spielturm aus Holz im Kindergarten. Hier konnten uns die Erzieherinnen nicht hören. Ein kleiner blond gelockter Engel grinste mich böse an. So kannten ihre Eltern sie bestimmt nicht. Da ich die beiden nach wie vor ungläubig anstarrte, fügte ihre Freundin hinzu: »Hau ab. Wir spielen gerade Prinzessin und dafür bist du zu hässlich.«

Bedröppelt zog ich von dannen. Den restlichen Tag hielt ich mich abseits der Gruppe, stocherte nur mit meiner Schaufel im Sand und hing meinen Gedanken nach. Als mein Vater später kam, um mich abzuholen, bemerkte er sofort, wie betrübt ich war. Er war Vorsitzender des Kindergartens und deswegen häufiger da. Dadurch waren ihm die beiden Mädchen schon öfter aufgefallen. Er ließ sich auf eine Bank nieder und hob mich behutsam auf seinen Schoß. Ich klammerte mich an ihn, wie an einen großen Teddybären. In dicken Krokodilstränen brach der Kummer aus mir heraus, der sich den ganzen Tag angestaut hatte. Hier bei Papa ging es mir direkt besser. Ganz vergessen war die Geschichte noch nicht, aber weit in den Hinterkopf verbannt. Mein Vater hatte eine sehr beruhigende Wirkung auf mich. Er war kein Mensch großer Emotionen, sondern strahlte eine beständige Ruhe aus. Das lag bestimmt auch an der großen Brille und den zurückgehenden Haaren. Auf ihn konnte ich mich immer verlassen. Als mein Freund Janni mich so sah, schlich er erst verhalten um uns herum. Lange hielt die Zurückhaltung jedoch nicht an.

»Warum weinst du, Ilka?«, fragte der Junge mit den verschlissenen Klamotten.

Noch immer an meinen Vater geklammert, murmelte ich: »Weil Lena und Sarah gesagt haben, dass ich hässlich bin.«

Daraufhin schnitt Janni eine Grimasse und erwiderte: »Ist doch egal, was die Pupsfurzis sagen. Dafür mag ich dich viel lieber!« Damit war die Sache für ihn gegessen. Er grinste mich an. Jetzt ging es mir wirklich besser. Wir verabschiedeten uns von ihm und machten uns auf den Weg nach Hause.

Tage wie dieser kamen vor und machten mich traurig. Aber sie waren in diesem Alter von vier oder fünf Jahren eher selten. Und der Trost meiner Eltern war wie ein dickes Polster, auf das ich weich fiel.

Meine größte Sorge war nicht mein Aussehen, sondern die Frage, wo ich das nächste Eis herbekam und wie ich noch höher schaukeln konnte. Ich lief nicht durch die Gegend und zweifelte permanent an mir. Die meisten Menschen akzeptierten mich, wie ich war. Einfach Ilka. Ein kleines Mädchen, das liebend gerne Spiele erfand und herumtobte. Ein richtiger Wildfang, wenn ich mich sicher fühlte. Und das tat ich die meiste Zeit.

Wir lebten in einer hübschen Mietwohnung in einem roten Backsteinhaus. Dort hatte ich alles, was ich brauchte. Ein Zimmer voller spannender Spielsachen für kalte, regnerische Tage. Playmobil, Werkzeuge, Malsachen – damit konnte man mich begeistern. Ansonsten fand man mich draußen an. Vermutlich ziemlich schmuddelig. Ich liebte alles, was Dreck macht. Eine grazile Prinzessin war ich nicht – eher Ronja Räubertochter. Denn ich wusste genau, was ich wollte, und konnte eine richtig große Klappe haben und den Ton angeben, wenn es darum ging, mit anderen Kindern eine Höhle im Wald zu erforschen oder einen Bachlauf aufzustauen.

Neben dem Haus befand sich ein großer Spielplatz. In der Bäckerei um die Ecke gab es diese leckeren Pizzabrötchen und Rumkugeln. Und auch das Schwimmbad war nicht weit weg. Es war herrlich!

Umso größer war der Schock, als unsere Eltern uns eröffneten, dass wir wegziehen würden. Das war kurz vor meinem siebten Geburtstag, ein paar Monate nach der Einschulung. Sie bauten ein eigenes Haus in einem Dorf 20 Kilometer entfernt von der Kleinstadt, in der wir jetzt wohnten. Warum? Hier war doch alles, was wir brauchten. Die Grundschule war direkt gegenüber. Ich liebte mein Zimmer mit dem bunten Teppichboden voller Tiere. Hier wohnten die Menschen, die mir am Herzen lagen. Ich wollte nicht weg. Doch es half nichts, die Entscheidung war gefallen. Das zweite Schuljahr startete ich also an der neuen Schule. Glücklicherweise fiel es mir zu der Zeit noch leicht, auf Menschen zuzugehen. Trotzdem war ich extrem aufgeregt. Wie würden die anderen mich aufnehmen? Schließlich kannten sie sich schon ein Jahr. Als »die Neue« stand ich erst mal so im Mittelpunkt, dass ich immer einige neugierige Kinder um mich herum hatte. Meine Mutter fuhr mich jeden Tag in das Dorf, damit ich das neue Schuljahr direkt an der neuen Schule mitmachte. Im November zogen wir dann ganz um.

Ich liebte es zwar, dass unser Garten noch eine Baustelle war. Der ideale Platz zum Toben. Insbesondere der riesige aufgeschüttete Erdhügel war genial. Doch es fühlte sich noch nicht wie ein Zuhause an und ich vermisste meine alten Freundinnen und Freunde. Die Suche nach neuen Freundschaften lief nicht reibungslos. Nicht alle nahmen mich positiv auf.

HINDERNISSE

Das Telefon tutete schon so lange, dass ich kurz davor war, aufzulegen. Nervös fummelte ich am Kabel herum. Ich veränderte meine Position auf dem abgenutzten, aber bequemen grauen Sofa im neuen Wohnzimmer meiner Eltern.

»Sabine Müller, hallo?«

»Hier ist Ilka. Kann ich vielleicht mit Anita sprechen?«

Im Hintergrund hörte ich, wie Frau Müller ihre Tochter rief.

»Wer ist das denn?«

»Ilka aus deiner Klasse.«

»Och nööö, ich will nicht mit der reden.«

Ihre Mutter überzeugte sie dann doch, ans Telefon zu gehen. Ich kratzte meinen letzten Mut zusammen und fragte sie nach einem Treffen.

»Nee, ich habe leider keine Zeit.«

»Wie wäre es denn dann morgen? Oder nächste Woche?«

»Ich bin eigentlich immer schon verabredet.«

Oh. Nun hatte ich verstanden.

Warum wollte sie mich nicht treffen? Und warum bekam ich immer wieder so eine Ablehnung zu spüren? Nicht nur sie servierte mich so kaltherzig ab. Telefonate dieser Art hatte ich schon einige geführt. Mein Herz dröhnte jedes Mal so laut, dass man es sicher am anderen Ende der Leitung klopfen hörte. Doch egal wie oft ich einen Korb bekam, ich versuchte es immer wieder.

War ich wirklich so komisch? Meine Mutter merkte mir natürlich an, dass ich betrübt war. Wir kuschelten uns zusammen auf unser Sofa und sie streichelte meinen Kopf. Dabei vertraute ich ihr meine Sorgen an und sie versuchte, mich zu beruhigen. Es war wie ein Film, der immer wieder abgespult wurde. Meine Eltern suchten nach solchen Situationen immer das Gespräch. Vorausgesetzt, sie bekamen meinen Kummer mit. Häufig war mir das nämlich zu unangenehm und ich behielt es für mich. Was sollte das auch bringen? Sie würden mir wieder sagen, dass sie mich liebten, wie ich war. Oder sie erklärten mir, dass man manchmal mit Menschen befreundet sein möchte, die das nicht erwidern. Das würde aber allen Menschen so gehen. Vielleicht zeigten sie mir auch meine Stärken auf. Was es auch war – ein schaler Nachgeschmack blieb immer zurück. Denn mussten Eltern so was nicht sagen? Mittlerweile konnte man mich nicht mehr so leicht beruhigen wie im Kindergarten. Ich fühlte langsam, dass ich vielleicht doch anders war als die anderen.

Deshalb brachte es mich auch völlig aus dem Konzept, als eines Tages ein Schulfotograf vorbeikam. Wir wussten das vorher nicht und die Aufregung war groß. Alle schnatterten aufgeregt durcheinander: »Dann hätte ich ja was anderes angezogen«, »Wie sehen denn meine Haare aus?«, »Wie aufregend!« Verstohlen blickte ich an mir herunter. Ich suchte meine Klamotten ohne großen Bedacht aus. Bequem sollten sie sein und gut zum Toben. Plötzlich fühlte ich mich unwohl darin. Warum musste man uns jetzt fotografieren? Darauf hatte ich überhaupt keine Lust.

Also schaute ich absichtlich doof. Der Fotograf sagte nichts. Vielleicht traute er sich nicht, weil er glaubte, dass ich immer so aussehe. Jedenfalls kauften meine Eltern später nur das Gruppenbild. Mein Einzelbild war wirklich nicht zu gebrauchen.

Zugegeben, ich war in einigen Dingen ziemlich speziell. Einerseits hatte ich oft eine ganz genaue Vorstellung davon, wie selbst Kleinigkeiten zu sein hatten, die Sockenfarbe musste zum Pulli passen und wenn die falsche Nutella-Marke auf dem Tisch stand, aß ich lieber trockenes Brot. Ich konnte richtig fuchsig werden, wenn ich von meinen Vorstellungen abweichen musste. Andererseits war ich äußerst loyal und mitfühlend – insbesondere gegenüber Tieren. Eines Tages brachte ich eine tote Kohlmeise mit in die Schule, die ich auf dem Schulweg auf dem Bürgersteig gefunden hatte. Ich hielt sie meiner Lehrerin erwartungsvoll unter die Nase. Sie würde ihr doch helfen können, da war ich mir ganz sicher. Sie konnte doch nicht einfach tot sein, das war mir unbegreiflich.

Selbst bei Kuscheltieren machte mein Beschützerinstinkt keine Ausnahme. Fiel nachts eins aus dem Bett, wurde es am nächsten Tag verarztet.

Völlig verkehrt war ich anscheinend nicht, denn im Laufe der Zeit entwickelten sich dicke Freundschaften. Ich dachte kaum noch an mein altes Leben. Auf dem Dorf konnte ich mich auch viel freier bewegen und das liebte ich.

BEINAHE PERFEKT

An einem ungemütlichen Herbsttag kam ich durchgefroren zum Abendessen zurück. Die ganze Familie saß am Esstisch aus dunklem Holz und ich erzählte ausgiebig von der krassen Höhle, die ich mit Niklas und Rebecca gebaut hatte. Meine Eltern waren nicht so begeistert, wie erhofft. Sie schienen nicht ganz bei der Sache zu sein. Mein Vater blickte stoisch auf seinen Teller und meine Mutter hatte ihr Essen kaum angerührt. Nur meine Schwester lauschte gebannt meinen Abenteuergeschichten. Danach war es still. Bis unsere Eltern uns offenbarten, dass mein Vater erst mal woanders wohnen würde.

Ich versuchte, ihre Worte zu verstehen. Wo sollte er denn hin? Ins Gartenhaus? Ein kurzer Blick zu meiner Schwester. In ihrem Gesicht sah ich auch nur ein großes Fragezeichen. Unsere Eltern erklärten uns, dass sich Menschen manchmal auseinanderleben und trennen. Ich kannte ein paar Kinder, die nur bei einem Elternteil wohnten, aber uns konnte das doch nicht passieren.

Es hätte auch Vorteile für uns, weil wir unseren Vater am Wochenende besuchen würden. Dann würde er sich ganz viel Zeit für uns nehmen. Das erschien mir einleuchtend.

Mir kam das wie ein kleines Abenteuer mir vor, er würde die ganze Zeit mit uns spielen, wenn wir ihn besuchten. Toll!

Kurz darauf kam die Ernüchterung. Als seine Besitztümer nach und nach eingepackt wurden, fühlte sich das falsch an. Spätestens als der große Transporter alles mitnahm – zum Schluss auch ihn selbst – vermisste ich ihn schrecklich. Obwohl wir nur noch zu dritt im Haus waren, konnte ich nicht glauben, dass er wirklich ausgezogen war. Bestimmt arbeitete er gerade nur und käme gleich zurück. Doch sein Arbeitszimmer war leer.

An den Wochenenden besuchten wir ihn in seiner neuen Wohnung. Er hatte sich große Mühe gegeben, uns auch dort ein Zuhause zu bieten. Ein ganzes Zimmer war für uns. Meine Schwester und ich hatten ein neues Hochbett bekommen und auf einem Tisch wartete regelmäßig eine kleine Überraschung auf uns. Außerdem war mein Vater nicht so streng, was die Computer- und Fernsehzeiten anging, es war fast, wie immer Sommerferien zu haben. Wären nur die Abschiede nicht gewesen. Mir graute vor dem Moment, wenn er uns nach Hause fuhr und allein wieder aufbrach. Jedes Mal heulte ich Rotz und Wasser. Doch im Laufe der Zeit gewöhnte auch ich mich daran.

Glücklicherweise ging die Trennung unter größtmöglicher Rücksicht auf meine Schwester und mich vonstatten. Ich war auch nie sauer auf meine Eltern. Meine größte Sorge war, wie ich beiden gleichermaßen meine Liebe zeigen konnte. Das geht mir bis heute so.

Unsere Lebenssituation veränderte sich. Von Anfang an stand fest, dass wir Kinder mit Mama im Haus blieben. Meine Mutter war bis zur Scheidung nicht berufstätig und ganz für uns Kinder da. Das ging jetzt nicht mehr, weil das Haus weiter abbezahlt werden musste. Auch wenn die finanzielle Situation sich geändert hatte, gaben Mama und

Papa sich große Mühe, uns das nicht spüren zu lassen. Deswegen störte es mich auch anfangs, als meine Mutter einen neuen Partner fand. Meine Eltern waren jetzt getrennt, aber wir waren ganz sicher immer noch ihr Lebensmittelpunkt, oder nicht? Wen brauchte man schon außer uns entzückenden Kindern? Wir waren doch jetzt ein eingespieltes Dreier-Team. Sicher, es war nicht perfekt, aber es funktionierte alles erstaunlich gut. Als da plötzlich ein anderer Mann auftauchte, kam ich damit nicht gut klar. Das war doch Verrat an Papa, was wollte der in unserem Haus? Doch die Bedenken legten sich schnell. Erstens kam ich super mit Dieter, dem neuen Partner meiner Mutter, aus und zweitens mochte ich die Abwechslung. Während der Woche waren wir einfach zu viert. Jedes zweite Wochenende besuchten wir unseren Vater und das andere Wochenende waren wir mit den Söhnen des neuen Partners bei uns zu sechst als Patchworkfamilie. So hatte man immerhin mehr Leute zum Spielen. Natürlich war nicht alles Friede-Freude-Eierkuchen. Aber das wäre es auch nicht gewesen, wenn wir als ursprüngliche Familie zusammengeblieben wären.

Es war beinahe perfekt. Vielleicht zu perfekt? Wir hatten gerade den achten Geburtstag meiner Schwester gefeiert, als mein Vater anrief. Er war doch gestern noch zum Geburtstag da gewesen. Was konnte er wollen? Nach einer Weile kam Mama zurück ins Wohnzimmer. So ernst hatte ich sie noch nie gesehen. Sie nahm uns in den Arm. Setzte an und stoppte wieder. Wie aus weiter Ferne hörte ich sie sagen: »Es tut mir so leid. Aber eure Oma ist gestorben.« Meine Welt brach zusammen. Nicht wie bei der Scheidung, wo ich die Ausmaße gar nicht realisiert hatte. Sondern wahrhaftig und sofort. Wir hatten noch keine Erfahrung mit Verlusten. Die andere Oma und ein Opa waren schon lange von uns gegangen. Ich schwankte zwischen Unglauben und völliger Verzweiflung. Sie konnte doch nicht wirklich tot sein. Wir waren doch vor einer Woche noch bei ihr und sie war quicklebendig. Ich hatte Oma so unglaublich lieb, sie konnte doch nicht einfach weg sein. Kalt. Bald unter der Erde. Solche Gedanken plagten mich unentwegt. Ich sah ihre schrumpelige Haut vor mir und stellte mir vor, wie jemand Erde auf ihr liebevolles Gesicht warf. Von einem Sarg wusste ich damals nichts. Immer wieder plagte mich der Gedanke, wie Oma verbuddelt wird. Wir erfuhren, dass sie an einem Herzinfarkt gestorben war. Anscheinend ging es ihr schon eine Weile nicht so gut. Aber sie wollte niemandem zur Last fallen. Hätte sie doch bloß was gesagt, als wir da waren. Hätten wir es doch bloß gesehen. Hätte, hätte, hätte …

OPERATION NUMMER DREI, ICH KOMME!

Ich will mich operieren lassen«, offenbarte ich meiner Mutter mit knapp neun Jahren. Nun stand es im Raum. Ich drückte Hasibutzi, meinen Stoffhasen, an mich und ließ meine Mutter nicht aus den Augen. Wie würde sie bloß reagieren? Für sie war ich schließlich schon immer genau richtig. Zum Glück sagte sie sofort zu. Sie wollte mir ermöglichen, dass es mir mit mir selbst besser ging. Und auch mein Vater stimmte zu. Operation Nummer drei, ich komme!

Eine genaue Vorstellung hatte ich nicht, was das bedeutete. Aber es würde bestimmt alles besser machen. Mich besser machen. Endlich würde meine komische Lippe normal aussehen. Ob das wohl wehtat, wenn sie die verkleinerten? Wie heißt es so schön? Wer schön sein will, muss leiden. Und schön wollte ich sein!

Grelles Licht blendete mich, als der Arzt die bewegliche Lampe verstellte, um sich meinen Mund genauer anzusehen. Seit meiner Entscheidung, mich operieren zu lassen, waren ein paar Wochen die Wenigsten vergangen. Heute sollte das Vorgespräch stattfinden. Ich befand mich in einem dieser trostlosen Untersuchungszimmer im Krankenhaus. Weiße Kleidung, weiße Wände, graue Geräte. Die Fenster waren verhängt. Eine sterile Atmosphäre des

Unbehagens, vielleicht sogar der Angst? Mir ging das nie so. Für mich war dies ein Ort der Hoffnung. Die Hoffnung, endlich normal zu werden. Selbst dieser typische Geruch nach Desinfektionsmittel und verkochtem Krankenhausessen hatte eine beruhigende Wirkung auf mich.

»Einige junge Frauen lassen sich die Lippen extra aufspritzen und du willst sie kleiner haben?«, scherzte der Arzt, als er meine Akte überflog.

»Sie veräppeln mich doch!«, gab ich entrüstet zurück, weil mir der Gedanke so abwegig erschien. Wer wollte denn bitte seine Lippen verändern lassen, wenn er ganz normal aussah? Oder hatten diese Frauen so winzige Lippen, die man kaum sah? In meiner noch recht kindlichen Fantasie tauchten Bilder von Mündern auf, die nicht mehr als dünne Striche waren. »Na, dann würde ich das auch machen lassen«, dachte ich. »Die sind bestimmt auch unglücklich mit ihren Gesichtern. Niemand sollte unglücklich sein.« Von der boomenden Schönheitsbranche und Schönheitsoperationen hatte ich bis dahin noch nichts gehört.

Mein Eingriff war auch überwiegend ästhetischer Natur. Die rechte Hälfte meiner Oberlippe sollte so verkleinert werden, dass mein Mund links nicht mehr offen stand. Und wenn ich dann eh in Vollnarkose war, würde man mir noch die zwei zusätzlichen Schneidezähne entfernen, die in zweiter Reihe gewachsen waren. Das kam wohl hin und wieder vor und stand nicht im Zusammenhang mit meiner Spalte. Doch für die anstehende kieferorthopädische Behandlung mit einer Zahnspange mussten sie raus.

Wochenlang fieberte ich auf die Operation hin. Als sehr ungeduldiges Kind habe ich meine Eltern viele Nerven gekostet, da bin ich mir sicher. Ich hatte überall mit der bevorstehenden, riesigen Operation geprahlt: Ganz harter Genesungsweg, nur die Wenigsten erholen sich völlig von diesen Strapazen. Ob ich wieder die Alte sein würde? Schwer zu sagen, je nachdem wie der Eingriff verlief …

Doch als meine Eltern mich ins Krankenhaus gebracht hatten und mich für die Nacht allein lassen mussten, bekam ich es mit der Angst zu tun. Überall piepste und blinkte es. Und was war, wenn ich doch mitbekam, wie sie morgen an meinem Mund herumschnippelten? Voller Panik lief ich über den nächtlichen Krankenhauflur, eine Krankenschwester fand mich aufgelöst vor der Besuchertoilette und brachte mich zurück ins Bett.

Am nächsten Morgen war ich ganz die Alte. Meine Eltern waren wieder da und mein Vertrauen in die Welt war zurückgekehrt.

Ich quasselte munter drauflos, das Beruhigungsmittel hatte wohl zunächst eine aufputschende Wirkung. Selbst unterwegs zum Operationssaal, als die Umgebung an mir vorbeizog, Köpfe auftauchten und wieder verschwanden, habe ich weitergeplappert, auch dann noch, als man mir die Atemmaske mit dem Narkosegas vor das Gesicht hielt. Bis ich schließlich weg war.

Die Operation verlief wie geplant. Als ich aufwachte, fiel es mir zunächst schwer, die Augen offen zu halten. Aber ich war entschlossen, nichts zu verpassen. Erleichterung durchströmte mich, weil ich nicht während der OP aufgewacht war. Auch jetzt hatte ich keine Schmerzen. Doch wie sah mein Gesicht aus? Hatte es funktioniert? Mit vorsichtigen Schritten schlich ich zum Spiegel. Noch war alles angeschwollen und blutverkrustet. Wenn ich mit der Zunge über die Lippe fuhr, spürte ich die Fäden. Das Ergebnis ließ sich also erst nach dem Abheilen beurteilen, aber ich war guter Dinge.

Noch am gleichen Abend konnte ich wieder köstlichen Schokopudding löffeln, während meine Zimmernachbarin immer ihr Essen zurückgehen ließ. Sie war 11 Jahre alt und hatte Krebs. Was ich als kurzes Abenteuer betrachten konnte, drei Tage im Krankenhaus mit Full Service fast wie im Hotel zu verbringen, war für sie als Krebspatientin Alltag.

Sie war schon lange vor mir da und würde es auch noch lange nach mir sein ... vorausgesetzt alles ging gut. Am zweiten Tag bekam ich mit, wie ihre Mutter sich auf dem Flur mit der Pflegerin unterhielt, dass die Katze des Mädchens gestorben sei. »Besser wir sagen ihr das im Moment nicht, damit sie nicht den Mut verliert«, hörte ich ihre Mutter sagen. Den Mut verlieren? Wieso das? Was sollte schon passieren? Wir waren doch in einem Krankenhaus und die machten Menschen immer gesund. So lief das doch, oder? Meine kindliche Naivität war zu dem Zeitpunkt noch durch keine schlimmen Erfahrungen erschüttert worden.

Vielleicht war es gut, mal einen kleinen Einblick in die Schattenseiten des Lebens zu bekommen. Sie tat mir wahnsinnig leid und ich dachte auch zu Hause noch viel an sie.

Jedenfalls war ich innerhalb kürzester Zeit wieder zu Hause, mit zwei Schneidezähnen in einer kleinen Dose.

THRILLER

An einem herrlichen Sommertag lief ich durch den Wald. Der Geruch von Erde und Moos lag in der Luft und ich atmete tief durch. Von einem auf den anderen Moment änderte sich die Atmosphäre, mein Wohlgefühl war weg. Und wo war das Vogelzwitschern plötzlich hin? Ich schlenderte weiter durch den Wald. Das Laub raschelte verdächtig unter meinen Füßen. Ich fühlte mich beobachtet. Und das zu Recht. Ich drehte mich um und auf einmal war da dieser Mann. »Kein Grund zur Panik«, versuchte ich mich zu beruhigen. »Der Wald gehört mir nicht. Natürlich sind hier auch andere Menschen.« Doch dieser Kerl war mir nicht geheuer. Er grinste mich an und zückte ein langes Messer. Meine Beine setzten sich automatisch in Bewegung. Ich rannte panisch durch das Unterholz. Bloß weg hier. Ein kurzer Blick über die Schulter. Der Kerl war direkt hinter mir.

Schweißüberströmt wachte ich auf. Als sich meine Augen an das Mondlicht gewöhnten, konnte ich mein Zimmer erkennen. Ein Albtraum. Schon wieder. Ich hatte Angst davor, wieder einzuschlafen. Denn in letzter Zeit gingen die Träume nach dem erneuten Einschlafen einfach weiter, wo sie aufgehört hatten. Meistens wurden meine Familie und ich bedroht. Ich wollte sie beschützen, doch ich scheiterte immer.

»Hattest du schon wieder einen dieser Träume?«, erkundigte sich meine Mutter beunruhigt beim Frühstück. Sie musterte mich über den Rand ihrer geblümten Tasse. Morgens gab es bei uns immer schwarzen Tee mit Milch.

»Hmmm«, murmelte ich zustimmend. Ich wollte nicht, dass sie sich Sorgen machte.

»Das ist doch nicht normal! Ich mache dir jetzt einen Termin für eine Psychotherapie.«

Was ist schon normal für eine Elfjährige? Zugegeben – meine nächtlichen Thriller-Eskapaden wahrscheinlich nicht. Hatte ich etwa nicht mehr alle Tassen im Schrank? Meine Mutter erzählte mir einiges über Therapien. Daran sei nichts Verwerfliches und es sei auch kein Zeichen von Schwäche – im Gegenteil. Eine seelische Erkrankung müsse man eben auch behandeln, bei einem Beinbruch ließe man sich ja ebenfalls helfen. Klang einleuchtend. Dennoch war ich nervös vor dem ersten Termin. In meinem Kopf tauchten lauter Bilder aus Filmen und Comics auf, in denen komische Experimente an Menschen in einem abgelegenen Labor durchgeführt wurden. Deswegen war ich überrascht, als meine Mutter das Auto vor einem normalen Wohnhaus parkte. Ein dezentes Schild wies auf die Praxis von Frau Dr. Steinfels hin, die wir über einen Seiteneingang betraten. Durch warme Farben und helles Holz wirkte der Behandlungsraum gemütlich. Die Einrichtung war eher minimalistisch, eine Sitzecke, ein paar bunte Bilder an den Wänden und ein paar Spielfiguren auf dem Boden. Hier würde ich also einmal die Woche herkommen. Meine Mutter verabschiedete sich. Sie würde einkaufen gehen und mich in einer Stunde wieder abholen. Nachdenklich blickte ich mich in dem Raum um.

»Und was machen wir hier dann so?« Ich deutete auf ein großes Puppenhaus. »Spielen wir damit? Oder malen wir vielleicht?« Ich hatte gerade einige Stifte entdeckt.

»Würdest du das denn gerne tun?«, antwortete Frau Steinfels mit einer Gegenfrage. Das würde mir noch häufiger passieren.

Nachdem wir uns an den Tisch gesetzt hatten, unterhielten wir uns über meine Familie und mein Leben. Die ganze Zeit fragte ich mich, wann der unangenehme Teil der Therapie beginnen würde, aber der schien nicht zu kommen.

Es kam mir nie so vor, als ob ich gerade therapiert würde. Deswegen war es mir auch nie peinlich, anderen Menschen davon zu erzählen. Vielmehr verbrachte Frau Steinfels einfach Zeit mit mir und schenkte mir ihre ungeteilte Aufmerksamkeit. Wir malten, kneteten, fantasierten, spielten und ganz nebenbei half sie mir, all das zu verarbeiten, was mich plagte. War ich schuld daran, dass sich meine Eltern getrennt hatten? War ich eine Enttäuschung für meine Familie? Hatte ich Omas Tod irgendwie verursacht, weil ich so anstrengend war? Sie fragte nach, wenn ich mich etwas öffnete und ließ mir den Freiraum, wenn ich ihn brauchte. Anschließend war ich nicht absolut sorgenfrei. Doch meine Schuldgefühle konnte ich stark reduzieren. Deshalb beschlossen wir, die Therapie erst mal nicht zu verlängern. Bei Bedarf könnte man ja jederzeit wieder anfangen. Vielleicht hätte sie mir auch mit meinen Selbstzweifeln bezüglich meines Aussehens helfen können. Doch dieses Thema war damals nicht »dran«. Mir war auch noch nicht bewusst, wie groß die Rolle der mentalen Einstellung ist und wie sehr das eigene Denken die Selbstwahrnehmung beeinflusst. Ich dachte damals, dass man dieses Problem nur chirurgisch lösen könnte.

COOL SEIN

Meine Haare leuchteten, als stünden sie in Flammen. Kupferrot nannte sich die »dezente« Farbe auf der Packung im Drogerieregal. Kurz vor Ende der Sommerferien hatte ich es endlich gewagt, mir zum ersten Mal die Haare zu färben. Eigentlich wollte ich nicht auffallen, so dachte ich jedenfalls über mich selbst, aber war das wirklich so?

Wenn ich in den Spiegel blickte, freute ich mich über meine neue Feuermähne. Aber andererseits hatte ich Angst, man würde mich in der Schule auslachen.

Seit einiger Zeit war mir mein Aussehen nicht mehr egal. Bis zur sechsten Klasse trug ich weite Jeans und gestrickte Ringelpullis und fand das völlig in Ordnung. Auch meine Frisur war kein Kunstwerk, alle paar Monate ließ ich von meiner Mutter ein paar Zentimeter abschneiden. Ansonsten versteckte ich die langen Haare in einem Zopf. Doch mit 13 oder 14 wurde mir plötzlich klar, dass ich gerade durch diesen Flodderlook auffiel.

Ich wollte doch genauso cool sein wie die anderen. Und natürlich wollte ich auch den Jungs gefallen. Jedenfalls denen, die ich selbst anhimmelte. Aber konnte mich denn jemand schön finden? Mit diesem missglückten Gesicht? Mir kamen Zweifel und ich fing an, mich richtig hässlich zu fühlen.

Zwar sah ich in der siebten Klasse durch die letzte Operation etwas normaler aus, meine Lippe stand nicht mehr so ab und meine Zähne waren gerader, aber hübscher als in der Grundschule fand ich mich nicht. Im Gegenteil. In der Pubertät will man dazugehören, es gibt fast kein wichtigeres Thema als das eigene Aussehen und wie man bei den anderen ankommt.

In den Pausen hockten wir auf den Schulfluren und analysierten die anderen. Hatte Lena nicht schon wieder abgenommen und wie konnte Sabrina nur diesen kurzen Rock tragen bei den Stampfwaden? Und Annikas Frisur? Unmöglich!

Ich machte mit, wurde selbst zum Lästermaul. Aber ich fühlte mich dabei nicht wohl. In diesem oberflächlichen Spiel hatte ich nicht viel zu bieten. Und doch beschäftigte mich nur eine Frage. Wie konnte ich bloß cooler werden?

Wichtig war dabei natürlich, mit wem man befreundet war. Mit Romy, eines der beliebteren Mädchen, habe ich mich ein paar Mal getroffen. Im Gegensatz zu mir strahlte sie das Selbstbewusstsein förmlich aus. Außerdem war sie immer perfekt geschminkt und trug die neusten Miss Sixty Hosen. Wir hatten uns durch einen Ferienkurs beim Töpfern kennengelernt und sie war immer freundlich zu mir.

Dennoch fühlte ich mich ihr unterlegen: »Sollen wir uns vielleicht lieber heimlich treffen«, fragte ich sie. Es war ihr sicher peinlich, mit mir auf der Straße gesehen zu werden.

»Bist du verrückt? Ist mir doch egal, was die anderen sagen«, fegte sie den Vorschlag sofort vom Tisch. Natürlich ließ sich das aus ihrer Perspektive einfach sagen. Aber es passte zu ihr. Häufig forderte sie mich auf, mehr an mich zu glauben. Ich könnte mehr aus mir machen, wenn ich mich nur traute. Deshalb war sie auch sofort begeistert von meinem roten Wuschelkopf.

Heute schockiert mich, wie unterwürfig ich mich damals verhielt. Ich war doch kein Monster, das man irgendwo verstecken musste. Alles, was mich von Romy unterschied, war die Symmetrie meines Gesichtes. Hätte ich die Freundschaft mit ihr nicht auch zum Anlass nehmen können, mich selbst in einem positiveren Licht zu sehen? Aber das gelang mir damals noch nicht.

Hinzu kam die Konkurrenz im eigenen Haus. Meine Schwester wuchs zu einer regelrechten Schönheit heran. Sie hatte eine süße Stupsnase, wo ich einen Zinken hatte. Als Kind wurde sie häufig für ihre großen Augen ausgelacht. Wie zwei Saphire. Doch jetzt wurden ihre Augen zu ihrer Stärke. Man konnte gar nicht anders, als hineinzusehen.

Natürlich ließ meine Schwester mich das nie spüren und sie hatte nie die Absicht, eine Konkurrenz für mich zu sein. Dennoch kam ich mir vom Schicksal verhöhnt vor: Spielte mir das Leben einen Streich, indem es mir die Version meiner selbst vorsetzte, die ich auch hätte sein können?

Manchen Menschen fiel es schwer zu glauben, dass wir Schwestern waren, obwohl wir uns von Figur und Größe her ähnelten. Die Verwunderung der Leute tat mir weh, aber ich lächelte meistens höflich und erklärte, dass wir einfach nur unterschiedlich aussahen. Die Folge war, dass wir uns voneinander entfernten und viel stritten. Unsere Vertrauensbasis war plötzlich dahin und ich konnte mit ihr nicht mehr über meine Sorgen reden. Sie würde es doch eh nicht verstehen. Wir lebten verschiedene Leben, spielten in verschiedenen Ligen.

Stattdessen freundete ich mich mit einem Mädchen aus meiner Klasse an. Marie hatte als Säugling Krebs gehabt und sah ebenfalls etwas anders aus. Eine Hälfte ihres Gesichtes war kleiner als die andere. Sie war sehr geschickt darin, das mit ihrer Frisur zu verstecken. Doch natürlich fiel es auch auf. Vom Gesicht kann man schlecht ablenken, auch wenn der restliche Körper normal war. Trotz dieser Parallelen dauerte es eine Weile, bis wir uns richtig anfreundeten. Um es kurz zu fassen: Wir interessierten uns für den gleichen Jungen. Doch nachdem das abgehakt war, wurde unsere Freundschaft sehr eng. Wir verstanden uns, weil wir die gleichen Erfahrungen machten. Wir verbrachten sehr viel Zeit zusammen, quatschten, malten, shoppten, lasen. Immer mit einer ordentlichen Portion Kaffee, den wir beide so liebten. Wir fuhren sogar zweimal zusammen mit ihren Eltern in den Urlaub. Mit Marie konnte ich stundenlang über meine Probleme reden: »Hast du auch Angst davor, einem Jungen deine Gefühle zu zeigen? Meinst du, uns wird irgendwann jemand aufrichtig lieben? Möchtest du auch manchmal am liebsten weinen, wenn du in den Spiegel guckst? Schaust du auf Fotos auch immer doof, damit sich das Bild niemand aufhängt?«

Es war, als ob ein Stöpsel gezogen würde und eine Flut an unterdrückten Gedanken an die Oberfläche käme. Die Freundschaft mit Marie half mir zwar, mich verstanden zu fühlen, aber sie führte mich nicht raus aus der Isolation. Ich musste auch lernen, mich in der Gesellschaft der »Normalaussehenden« wohlzufühlen.

WER SCHÖN SEIN WILL,
MUSS LEIDEN

Verdammter Mist! Wie sah ich denn aus? Das hatte ich mir anders vorgestellt. Meine Haut war scheckig wie das Fell einer Kuh. So konnte ich nicht ins Freibad gehen. Ich hatte die Ausgangssituation definitiv verschlimmbessert. Dabei hatte ich doch nur ein einziges Mal nicht als weiße Kalkleiste hervorstechen wollen. Es war Hochsommer, die Temperaturen kaum auszuhalten, und trotzdem rief ich bei Lara an, um den Ausflug abzusagen.

»Hey, ich habe mich leider erkältet. Liegt bestimmt an der Klimaanlage bei Papa.«

»Du hörst dich aber überhaupt nicht krank an«, durchschaute sie mich. »Was ist los?«

Verzweifelt erzählte ich ihr von meinem Selbstbräunerunfall. Am Abend zuvor hatte nichts auf die Misere hingedeutet. Völlig gleichmäßig ließ sich die Bodylotion mit Nachbräunungseffekt auftragen. Glaubte ich zumindest.

Auf der anderen Seite der Leitung hörte ich mäßig unterdrücktes Lachen und ließ mich kurz anstecken. Es war aber auch zu komisch, wie ich aussah. Am besten blieb ich zwei Tage zu Hause. Der Rasensprenger würde für die Abkühlung reichen müssen. Doch das nahm meine Freundin nicht hin. Da ich sie nicht hängen lassen wollte, vereinbarten wir, dass ihre Mutter uns in zwei Stunden fahren würde.

Ich hatte also noch einhundertzwanzig Minuten, um die Flecken auf der Haut zu vertuschen. Mit einem rauen Stein, der für die Entfernung von Hornhaut gedacht war, begann ich, über meine Beine zu rubbeln. Angenehm war das nicht, doch ich biss die Zähne zusammen. Nach zehn Minuten kam ich zu dem Schluss, dass sich überhaupt nichts verbessert hatte. Im Gegenteil, zusätzlich war meine Haut jetzt rot und gereizt.

Vielleicht fand ich im Internet eine Lösung. Offensichtlich war ich nicht die Erste, die danach suchte. Zitronensaft solle weiterhelfen. Meine vorstrapazierte Haut war natürlich nicht begeistert von dem Säureangriff und einen großen Unterschied konnte ich nicht erkennen. Sollte ich doch absagen? Aber dann las ich davon, dass Chlorwasser helfen solle. Ich musste es nur schaffen, in langen Klamotten das Freibad zu betreten und so schnell es geht, ins Wasser zu kommen.

Lara sagte nichts, als ich ins Auto stieg, doch ihre Mutter musterte mich neugierig im Rückspiegel und erkundigte sich, ob ich krank sei.

»Du weißt doch, Mami, bei Ilkas Papa ist immer die Klimaanlage an«, flunkerte Lara. Ich lächelte ihr dankbar zu.

Auch wenn mich die spöttischen Blicke im Freibad für alle Zeiten von Selbstbräuner und Co. hätten abschwören lassen sollen, war das leider nicht der Fall. Im Laufe meiner Pubertät probierte ich viele Dinge aus, um mein Aussehen an die Frauen anzupassen, die ich täglich in der Werbung sah. Es gibt nahezu keine Stelle an meinem Körper, die ich nicht zu optimieren versucht habe. Ich setzte meine Hoffnung in etwas Äußeres, um mein Selbstbewusstsein aufzupolieren, weil das kurzfristig einfacher ist, als an sich zu glauben.

Eines Tages beschloss ich beispielsweise, etwas gegen die großen Poren an meiner Nase zu tun. Laut einer Sendung, die ich gesehen hatte, kam das durch festsitzenden Talg. Deshalb schnappte ich mir eine Nadel und pikste immer wieder in die betreffenden Stellen, bis sie offen waren. Anschließend drückte ich wie wild, um die schwarzen Verfärbungen zu entfernen. In ein paar Fällen funktionierte das sogar. Doch meist begann die Haut nur zu bluten und tat weh. Wer schön sein will, muss leiden. Das wird einem früh vermittelt.

Sehr zum Leidwesen meiner Eltern, die verzweifelt versucht haben, mich davon abzuhalten, an frostigen Tagen mit Sneakern ohne Socken loszuziehen. Lieber würde ich vor Kälte schlottern, als Stiefel anzuziehen. Wie sah das denn aus? So standen wir an der Bushaltestelle alle bibbernd zusammen, Hauptsache wir hatten nichts Uncooles an. Oder wenn man sich beim Feiern in hohe Schuhe quetschte und spätestens auf dem Weg nach Hause kaum noch auftreten konnte.

Häufig schlich ich in der Drogerie durch die Regale, um Produkte zu finden, mit denen ich mein Aussehen verbessern konnte. Das fing bei der Haarfarbe an, die ich regelmäßig wechselte, weil mir meine eigene zu langweilig vorkam. Als Kind war der Rotstich stärker, mittlerweile war ich eher bei mittelblond angekommen, sodass ich nachhalf. Während die Mähne auf dem Kopf möglichst gut in Szene gesetzt werden sollte, waren Haare am restlichen Körper völlig tabu. Nachdem ich mich beim Rasieren häufiger geschnitten hatte, versuchte ich es mit Enthaarungscreme, Epilieren und Waxing. Egal wie es ziepte, jedes Haar musste weg. Alles andere wäre doch eklig und unweiblich. Es wurde fleißig gezupft und getrimmt.

Im Laufe der Jahre hatte ich garantiert jede Zahnpasta durch, die mir ein strahlend weißes Lächeln versprach. Auch wenn mir meine Zahnärztin regelmäßig erklärte, dass meine Zähne völlig normal waren. Mithilfe mehrerer Zahnspangen waren sie immerhin halbwegs gerade. Doch sobald ich in den Spiegel sah, störte mich dieser vorwitzige Schneidezahn, der meinte, aus der Reihe tanzen zu müssen. Später als Studentin habe ich mir sogar ein Angebot bei einem Kieferorthopäden machen lassen, um die Zähne mithilfe von Schienen korrigieren zu lassen. Aber es lag außerhalb meines Budgets.

Zu einem ähnlichen Schluss bin ich gekommen, als ich überlegt habe, mir die Schweißdrüsen in den Achseln veröden zu lassen. Das konnte doch nicht sein, dass ich ständig feuchte Achseln hatte. Die anderen Mädels konnten enge Kleidung tragen, ohne Flecken oder unangenehme Gerüche befürchten zu müssen. Bei mir bildete sich schon Feuchtigkeit, wenn ich nur daran dachte. Das enge gelbe T-Shirt, das ich so liebte, zog ich deshalb nie an.

Im Zuge dieser Recherche stieß ich auf die große Welt der Schönheitsoperationen. Wahnsinn, was man an sich machen lassen konnte. Alles war möglich. Dinge, über die ich nie vorher nachgedacht hatte, hinterfragte ich nun. Standen meine Ohren zu weit ab, waren meine Brüste zu klein? Ja, sogar meine Bikinizone könnte ich korrigieren lassen. Auf diese Idee wäre ich niemals gekommen. Scheinbar war das alles völlig normal. So wurde mir bei der Entfernung meiner Weisheitszähne direkt angeboten, in einem neuen Termin meine Wangen auffüllen zu lassen. Auch an diese hatte ich bisher keinen Gedanken verschwendet. Doch als mich der Arzt darauf hingewiesen hatte, dass wohl durch die Spalte unter den Augen Volumen fehle, fiel es mir auf.

»Aber sehen Sie es positiv, Sie haben sehr straffe Weichteile im Gesicht. Dadurch bekommen Sie vielleicht im Alter weniger Falten.« Perplex sah ich ihn an. Wäre es möglich, dass er sich bitte nur um das kümmerte, wofür ich hier war? Ich konnte es gar nicht abwarten, dass er mir endlich die Zähne zog – soweit war es schon gekommen. Das Angebot zur Wangenauffüllung lehnte ich ab, weil mir die Situation unangenehm war und aus Sorge, anschließend die nächste Sache an mir zu finden, die nicht gut genug wäre.

Obwohl ich schon immer einen schlanken Körper hatte, gab es Phasen, in denen ich auch an diesem zweifelte. Während der Pubertät versuchte ich sogar kurzzeitig abzunehmen. Trotz unteren BMIs orientierte ich mich an den Models auf den Laufstegen. Sendungen wie Germany's Next Topmodel prägten mein Bild von der idealen Frau. An den Oberschenkeln musste dringend was weg. Wenn ich mich mit kurzer Hose hinsetzte, war es mir unangenehm, dass die Oberschenkel breiter wurden. Auch wenn das anatomisch gar nicht anders möglich war. Ich las davon, wie wenig manche Models aßen und versuchte mich kurz an deren Ernährungsplan zu halten. Diese dumme Idee endete zum Glück schnell, weil mein Kreislauf sich meldete. Immer öfter wurde mir schwindelig und ich fühlte mich schlapp. Außerdem aß ich viel zu gerne.

Später im Studium war es dann eher ein Gesundheitswahn. Ich hatte Spaß am Sport gefunden, den ich bis dahin mit Folter gleichgesetzt hatte. Wer im Sportunterricht immer als Letzte ins Team gewählt wird, verliert schnell die Freude daran. Doch ich hatte den Kraftsport lieben gelernt. Auf Instagram folgte ich vielen Fitness-accounts, die mich anstachelten. Es ging nicht darum, abzunehmen, sondern der gesunde Körper stand im Vordergrund. Ich krempelte meine Ernährung um und analysierte, was ich essen durfte. Wie viel Kohlenhydrate, Eiweiß und Ballaststoffe musste ich für eine ideale Versorgung meines Körpers zu mir nehmen? Ich wurde besessen und las einen Artikel nach dem anderen. Es folgte eine Phase von Proteinshakes, genau abgestimmten Portionen und viel Training. Die Verbesserung meiner Leistungsfähigkeit motivierte mich zunächst so sehr, dass mir der Verzicht auf viele Dinge egal war. Doch je länger ich das machte, desto mehr nervte es, bei Einladungen mein eigenes Essen in Tupperdosen mitzubringen. Die sogenannten Cheat Days, an denen man alles verspeisen durfte, wurden häufiger, bis ich irgendwann völlig unkontrolliert viel ungesünder aß als vorher.

Ich war so getrieben davon, ideal sein zu wollen, dass ich den Bezug zu einem normalen Körper zu verlieren drohte. Da kam es genau zur richtigen Zeit, dass ich das erste Mal auf Instagram ein Bild einer Frau sah, die nicht den gängigen Schönheitsidealen entsprach. Obwohl sie beleibter war und Stoppeln an den Beinen hatte, strahlte sie fröhlich in die Kamera. Ich entdeckte weitere Profile von Frauen, die sich ganz natürlich zeigten, und betrat eine völlig neue Welt. Mir fiel auf, wie viel Zeit meines Lebens ich damit verschwendet hatte, mich verändern zu wollen. Aber konnte ich nicht, so wie ich war, glücklich werden?

Ich begann zu sehen, was mein Körper jeden Tag leistet. Ein wahres Wunder, das ich bisher kaum wertgeschätzt hatte. Stattdessen malträtierte ich ihn, um einer Idealvorstellung zu entsprechen. Vieles von dem, was ich ausprobiert hatte, war nicht grundsätzlich schlecht. Doch man durfte es nicht übertreiben. Paracelsus sagte schon: »Die Menge macht das Gift«, was ich auf alle Lebensbereiche zu übertragen begann. Ich beschloss, mich weniger von außen lenken zu lassen und mehr nach innen zu horchen. Wie wollte ich wirklich sein?

ERSTE LIEBE

Mit 13 hatte ich dann meinen ersten Freund. Trotz der ganzen Zweifel war ich dauernd verliebt, stets auf der Suche nach Liebe, fast wie eine Sucht. Und weil ich mich so sehr bemühte, fand ich schließlich Tom. Er war fast einen Kopf größer und sehr sportlich. Das fand ich schon immer anziehend, weil es mir das Gefühl gab, beschützt zu werden. Wir lernten uns in der siebten Klasse auf dem Gymnasium kennen. Wie die anderen Mädels auch fand ich ihn anfangs aufgrund seiner Akne nicht anziehend. Aber er war locker und ging ohne Probleme auf Menschen zu. Wenn er in den Pausen bei uns stand, brachte er mich dauernd zum Lachen und ließ mich hinter die picklige Fassade schauen.

Am liebsten hätte ich ihn jeden Tag getroffen. Leider wohnten wir in verschiedenen Orten. Ein paar Mal die Woche klappte es normalerweise. Sahen wir uns nicht, telefonierten wir miteinander. Und während der Schulzeit schrieben wir unentwegt Zettelchen, bis Pause war. Meine Freundinnen wurden langsam genervt davon, dass Tom bei allem mitmachte. Auch meine Noten litten in dieser Zeit. Es war unmöglich, zu lernen, weil ich nur an Tom dachte.

Trotzdem war auch mit ihm nicht alles perfekt. Nach der anfänglichen Euphorie kamen meine Selbstzweifel wieder.

Ich konnte seine Nähe nicht uneingeschränkt genießen. Mein Gesicht war mir im Weg. Ich konnte mir beim besten Willen nicht vorstellen, dass er meine Lippen küssen möchte. Wenn er mir tief in die Augen sah, musste ihn doch die Narbe in meinem rechten Auge, die sich durch die Hornhaut zieht, erschrecken. Ich stand geistig neben mir und analysierte die Situation.

Ich bin nicht schön. Pickel kann man wegschminken, aber das ganze Gesicht bleibt. Ich konnte es nicht ablegen, wie eine Maske im Karneval in Venedig. Mein Gesicht ist die Wahrheit. Und meine Wahrheit damals war: Mein Gesicht ist keine Einladung. Mein Gesicht ist eine Aufgabe, eine Hürde, eine Prüfung herauszufinden, was für ein guter Mensch sich dahinter verbirgt.

Ich bin ein wunderbarer und liebenswerter Mensch. Durch meine Eltern und meine Freundinnen und Freunde hatte ich das erfahren. Aber jetzt ging es um Liebe, um Konkurrenz. Konnte ich da mithalten? Ich lag nachts schlaflos im Bett und fragte mich, ob es Liebe nur in kompliziert gab? Ich war so unsicher, dass ich ständig vermutete, dass Tom mich für eine Andere, Schönere sitzen lässt.

»Es gibt keinen Grund für deine Eifersucht. Damit schadest du dir nur selbst«, erklärte meine Mutter mir zum wiederholten Mal. »Er wird dir sicher gleich schreiben. Warte einfach ab.«

Ich war wieder aufgelöst zu ihr gekommen. Es brauchte nicht viel, um eine solche Situation auszulösen. Ein paar Stunden ohne SMS von Tom oder wenn er freundlich zu anderen Mädchen war. Schon war das Drama vorprogrammiert. Ich ließ den Rat meiner Mutter links liegen und bombardierte ihn mit SMS: »Warum antwortest du nicht?«, »Liebst du mich nicht mehr?« Das volle Programm. Jede

Minute schaute ich auf mein Handy. Was konnte es Wichtigeres geben, als mir zu schreiben? Training hatte er heute nicht, wo zum Teufel steckte er? Hatte er eine andere?

»Hey, sorry. Musste meinen Großeltern helfen. Bin soeben wiedergekommen. Natürlich liebe ich dich.« Sofort fühlte ich mich schlecht, dass ich ihm wieder solche Unterstellungen gemacht hatte. Es folgte die ewige Entschuldigungsleier. Zwar nahm ich mir jedes Mal vor, daraus zu lernen, aber es änderte sich nichts. Tom hatte eine enorme Geduld, mich immer wieder zu beruhigen. Dennoch belasteten meine enormen Selbstzweifel unsere Beziehung. Ich fühlte mich gar nicht mehr wohl.

Wahrscheinlich wäre das ewig so weitergegangen, hätte er nicht Marie geschrieben, dass er sie momentan lieber möge als mich. Zum Glück erzählte sie mir davon. Meine größte Sorge war eingetreten. Und ich hatte es durch meine ständige Eifersucht selbst verursacht. Im Kopf war ich eine solche Situation unzählige Male durchgegangen. Aber die Realität traf mich härter. Ich weinte, bis sich mein Hals zugeschnürt anfühlte und keine Tränen mehr übrig waren. Irgendwann kam ich zur Besinnung. Die ganze Aktion hatte mich wachgerüttelt. Nun sah ich endlich, wie ich meine Freundinnen und meine Interessen vernachlässigt hatte. Nie wieder wollte ich mich für eine Beziehung so verbiegen.

Doch immer wieder erlebte ich massive Selbstzweifel. In der neunten Klasse kamen weitere Schüler dazu, die sitzen geblieben waren. Gerade die Jungs mussten sich als Neue noch beweisen, um in die beliebtere Clique aufgenommen zu werden. Und das gelang ihnen, indem sie Witze auf Kosten anderer machten. Viele steckten in dieser Zeit Sprüche ein, nicht nur ich war betroffen. Doch es fiel mir schwer, damit umzugehen. Wenn ich im Unterricht oder in den Pausen den Mund aufmachte, hatte ich stets Angst, etwas Falsches zu sagen und einen blöden Spruch zu kassieren. Als ich in Geschichte eine Antwort zum Thema Hexenverbrennung gab, wetterte einer: »Die muss es ja wissen.« Natürlich nur so laut, dass es der Lehrer nicht mitbekam.

Ich war immer gerne zur Schule gegangen. Jetzt hatte ich schon am Morgen Panik.

Eines Tages kam ich aus der Schule und konnte die Tränen gerade noch bis zu Hause zurückhalten. Endlich angekommen, donnerte ich die Tür hinter mir zu. Niemand war daheim. Ich schrie in die Leere und boxte gegen Kissen. Nichts half. Da kam mir ein Gedanke. Ich ging in die Küche, nahm ein Messer und ritzte mir die Worte »FUCK 10A« in die Haut. Dabei verletzte ich mich nur oberflächlich. Es war nicht mein Ziel, mir ernsthaft wehzutun. Es war bloß ein Schrei nach Aufmerksamkeit.

Und es funktionierte. Als meine Mutter abends meinen Arm sah, war sie geschockt. Das hatte ich nicht gewollt. Sie sollte sich nicht sorgen. Wieso hatte ich darüber nicht vorher nachgedacht? Es folgten Gespräche in der Schule und eine Konferenz mit meiner Klassenlehrerin und den beiden Jungs, die mich am meisten geärgert hatten. Bis heute weiß ich nicht, ob es wirklich so schlimm war oder ob ich überempfindlich reagiert hatte. Mein Ruf in der Klasse war jedenfalls dahin. Deshalb kam es mir entgegen, dass viele meiner Mitschülerinnen und Mitschüler planten, die Schule zur Oberstufe zu wechseln. Auch ich hatte diesen Plan. Ich sah darin eine große Chance und freute mich riesig auf den Wechsel. Die alte Entschlossenheit kehrte zurück. Zeit für ein neues Kapitel in meinem Leben.

AUF ZU DEN NERDS

Maschinenbauinschäniör«, das wollte ich werden. Und zwar schon in der Grundschule. Jedenfalls gibt es einen Eintrag in einem Freundschaftsbuch aus dieser Zeit, in dem ich meinen Berufswunsch ganz klar formulierte.

Technik war mein Ding, auch in der zehnten Klasse noch. In der Kindheit hatte ich es geliebt, Automaten und Roboter zu erfinden, die die Spülmaschine einräumten oder mit dem Hund spazieren gingen. Dazu fertigte ich Zeichnungen an, die ich stolz meinem Vater präsentierte. Sobald wir im Haushalt neue technische Geräte hatten, spielte ich direkt damit rum. Wie funktionierte das? Was passiert, wenn ich hier drücke?

Diese Faszination war über die Jahre erhalten geblieben.

Dennoch frage ich mich heute, wie ich mir mit 15 Jahren so sicher sein konnte, dass dies mein Weg war. Ich war regelrecht darauf eingeschossen, dabei hatte ich so vielfältige Interessen. Vor allem Zeichnen, Bücher und Videospiele begeisterten mich. Mit meinen Freundinnen entwickelten wir in dieser Zeit unsere eigenen Mangas mit selbst erfundenen Figuren. Beruflich diese künstlerische Richtung einzuschlagen, erschien mir allerdings zu riskant.

Mir gefiel der Gedanke, die Familientradition fortzusetzen, schon mein Opa und Vater waren Maschinenbauingenieure. Außerdem schwebte mir eine Karriere als toughe Ingenieurin vor, die sich nicht zu fein war, auch mal den Blaumann anzuziehen. In einer Männerdomäne würde ich eine Nische finden, in der mein Aussehen hoffentlich niemanden interessieren würde. Zwischen Nerds und Technikfreaks, die mit dicken Brillen in ihren Computer starrten und nur Augen für das neue Simulationsprogramm hatten, würde ich mein persönliches Paradies finden, davon war ich überzeugt.

Also wechselte ich – mein Ziel klar vor Augen – nach der zehnten Klasse auf ein technisches Gymnasium in Hannover.

Mein erster Schultag war perfekt vorbereitet. Bereits am Abend zuvor hatte ich mein Outfit zusammengestellt. Trotz der ungewohnten Uhrzeit, weil der Zug so früh fuhr, warf ich beherzt die Bettdecke zurück. Auf dem Weg ins Bad summte ich ein munteres Lied und strahlte meine Mutter an. Im Zug verfolgte ich die Landschaft, die an uns vorbeizog. Raus aus dem Dorf, hinein in die Stadt. Ich unterdrückte ein Grinsen. Meine Gedanken wanderten zu der alten Klasse. Zum Glück ließ ich das jetzt hinter mir. Ein Neustart hat etwas Magisches. Wie werden die Mitschülerinnen und Mitschüler wohl sein? Als ich das graue, funktionale Gebäude betrat, schaute ich mich gespannt um. Hier würde ich also die nächsten drei Jahre verbringen.

Wie zu erwarten war, bestand meine Klasse aus mehr Jungs als Mädchen. Und so nerdig sahen die Jungs gar nicht aus, eher total normal. Ich begann schon bald, mich regelmäßig mit ein paar Mädels zu treffen. Was für ein erfreulicher Start. Anfangs waren sie natürlich neugierig, warum ich so aussehe. Also erklärte ich es ihnen. Eine große Sache war es jedoch nie und der Umgang mit ihnen fiel mir sehr leicht. Wir machten Donuts zusammen, tranken Kaffee, schlenderten durch die Stadt. Es wurde nie langweilig. Das lag auch daran, dass ich viel Zeit mit Lernen verbrachte, aus Sorge, das technische Abi nicht zu schaffen. Vorher war ich eine mittelmäßige Schülerin, doch jetzt packte mich der Ehrgeiz. Ich entwickelte Freude am Lernen und überraschte mich selbst. Dabei entdeckte ich beispielsweise, dass ich keineswegs gänzlich sprachunbegabt war. Der Englisch- und Lateinunterricht auf dem Gymnasium hatte mir immer das Gefühl vermittelt, lieber bei meiner Muttersprache zu bleiben. Doch inzwischen hatte mich der Hafer gestochen und ich belegte freiwillig Spanisch. Das fiel mir sogar so leicht, dass ich nach einer Weile Nachhilfe gab. Für mich war diese Erkenntnis extrem wichtig. Nur weil ich etwas von mir annahm, stimmte es nicht automatisch!

Doch so begrüßenswert dieser neu entdeckte Ehrgeiz auch war, diente er zum Teil auch der Ablenkung. Denn nicht alles wurde besser an dieser Schule. Wieder suchte ich verzweifelt nach der großen Liebe. Es war, als ob sich die Erlebnisse wiederholten. Dauernd verknallte ich mich in einen Mitschüler. Die Gedanken kreisten ständig um Jungs. Oder junge Männer, wie man jetzt schon besser sagen sollte. Schließlich waren wir in dem Alter, in dem man anfing in Clubs zu gehen. »Ich glaube, der hat dich gerade angesehen«, kicherte eine Freundin mir zu. Aufgrund der dröhnenden Musik verstand ich sie kaum. Es war Wochenende und wir waren mal wieder unterwegs in der Stadt. Schick machen, ausgehen und tanzen war angesagt. Verstohlen blickte ich mich in dem Raum voller Menschen um. Ich liebte es, abzutanzen, und bekam davon nicht genug. Doch das Drumherum war nicht meins. Ich fühlte mich unwohl in dieser Menschenbeschau, wie ich es nannte. Es war wie eine klischeehafte Partnerbörse, bei der sich alle permanent musterten. Dabei wollte ich doch nur Spaß haben, redete ich mir ein. Und trotzdem hatte sich mein Herzschlag bei ihren Worten beschleunigt. Jedes Mal, wenn ein junger Mann aufmerksam unsere Gruppe umkreiste, startete der gleiche Gedankenzirkel. Würde er diesmal mich antanzen? Ich legte mich ins Zeug und ließ die Hüften kreisen. Los komm schon, sprich mich an. Nimm mich wahr. Doch meine Hoffnungen wurden zunichtegemacht, indem er eine Freundin auswählte. Wieder mal.

Ein Club ist für mich vielleicht der falsche Ort, um jemanden kennenzulernen. In dieser oberflächlichen Welt hatte ich halt schlechte Karten. Aber wenn mich jemand erst mal wirklich kennenlernte, könnte das doch funktionieren. Wie heißt es noch mal? Schönheit kommt von innen. Wie gerne hätte ich mich an diesen Strohhalm geklammert. Im Laufe der Jahre schwärmte ich für einige Jungs an der Schule. Ich hatte sogar eine kurze Beziehung, doch das war nichts. Wieder hatte ich mir krampfhaft jemanden gesucht, um nicht allein zu sein. Zum Glück merkte ich schnell, dass es nicht passte. So blieb es ein kurzes Intermezzo.

Besonders intensiv hatte es bei Philip gefunkt. Weil unsere Nachnamen untereinander im Alphabet standen, mussten wir ein Referat zusammen halten. Wir tauschten die Handynummern aus und schrieben lange nach der Präsentation noch hin und her. In der Schule beachteten wir uns hingegen kaum, weil wir in unterschiedlichen Klassen waren. Selbstverständlich wussten meine Freundinnen von ihm und insbesondere Helen, meiner damals besten Freundin, vertraute ich allerlei an. Sie bestärkte mich darin, auf ihn zuzugehen. An einem regnerischen Nachmittag lag ich auf dem Bett und nahm meinen Mut zusammen. Ich rief ihn an. Als er abnahm, brachte ich zuerst nur Gestammel heraus. Der Anruf überraschte ihn, aber wir telefonierten eine ganze Weile. Das wiederholte sich in den folgenden Wochen, bis ich nach einem Treffen fragte. Über den Punkt, an dem ich umdrehen konnte, war ich schon längst hinaus. Abends lag ich ewig wach, weil mir unsere Gespräche im Kopf herumspukten. Es war anstrengend und aufregend zugleich. Morgen war endlich der Tag, an dem wir uns treffen würden. Freudig schaute ich aufs Handy, nachdem das Signal eine Nachricht angekündigt hatte. Er hatte abgesagt. Ihm sei was dazwischen gekommen. Ich war über die Maßen enttäuscht, aber das konnte passieren. Wir vereinbarten einen neuen Termin. Wieder lag ich vor Aufregung wach. Wieder sagte er ab. Das ging noch zweimal so, bis er mir mitteilte, dass wir es lieber sein lassen sollten. »Ich habe das Gefühl, für dich ist das mehr als für mich. Und ich will dich nicht enttäuschen.«

Das war so ungerecht! Ich bekam nicht mal die Chance für ein Treffen. War ich so schrecklich? Woher wollte er wissen, dass sich bei ihm nicht auch Gefühle einstellten? Außerdem fühlte ich mich ertappt. Er hatte mich durchschaut.

Im Laufe der Zeit ebbte der Schmerz glücklicherweise ab. Auch weil ich mit Helen so sehr über Philip ablästerte, dass er mir schließlich egal wurde. Ich verknallte mich noch ein paar Mal. Aber nie wurde es was. Also lenkte ich mich wieder mit Lernen ab. Wenn ich schon nicht hübsch war, wollte ich zumindest mit meiner Leistung begeistern. Aber ich versuchte auch, an meiner Einstellung zu mir selbst zu arbeiten. Helen machte mich darauf aufmerksam, wie ich auf andere wirken musste: »Wenn du so durch die Schule gehst«, sie duckte sich und zog sich die Ärmel über die Hände, »schreit alles an dir: Ich bin ein Opfer. Hey, schau auf mich herab!« Das tat im ersten Moment ziemlich weh. Niemand hört so was gerne. Aber es stimmte. Meine Haltung, mein Gang und meine Art zu reden drückten Unsicherheit aus. Unter vertrauten Menschen konnte ich die Sau rauslassen. Innerhalb meiner Komfortzone blühte ich auf. Doch außerhalb davon wäre ich am liebsten unsichtbar gewesen. Harry Potters Tarnumhang wäre was für mich gewesen.

Deshalb war es mir auch so unangenehm, als Philip mich beim Abiball aus heiterem Himmel fragte, ob ich mit ihm tanzen wolle. Ich fiel aus allen Wolken. Wir hatten seit knapp zwei Jahren nicht miteinander geredet und nun bat er um einen Tanz? Der hatte ja Eier. Um die Bedeutung dessen kurz hervorzuheben, sei erwähnt, dass die Tanzfläche komplett leer war. Die Paare, die sich dort im Laufe des Abends aufgehalten hatten, konnte ich an zwei Händen abzählen. Skeptisch blickte ich ihn an. War das sein verdammter Ernst? Oder spielte er nur ein Spiel mit mir? Doch als ich in sein Gesicht sah, kamen sofort die alten Gefühle hoch. Du doofes Herz, hör auf damit. »Ich kann aber nicht tanzen«, stammelte ich, was der Wahrheit entsprach. »Das sagen sie alle«, lachte er und zog mich auf die Tanzfläche. Panisch schaute ich mich um. Wurden wir beobachtet? Wer bekam das mit? Ich sah Helen mit großen Augen zu uns rüberschauen. Sie machte eine Geste, die wohl bedeuten sollte: Bist du jetzt völlig wahnsinnig? Ich antwortete mit einem Schulterzucken. Und dann ging es schon los. Ganz ruhig jetzt, konzentrier dich auf den Takt und fühl es einfach. Und schon war ich ihm auf den Fuß getreten. Ein entschuldigender Blick und wir starteten einen weiteren Versuch. Nach kurzer Zeit hielten wir an und er kratzte sich am Kopf. »Du kannst ja wirklich nicht tanzen! Na, dann zeige ich dir das jetzt mal.« Ab da war das Eis gebrochen. Auf einmal war es mir egal, wer uns dabei zusah. Ich stand hier, auf meinem Abiball, als beste weibliche Absolventin, die bis dato auf der Schule war, und tanzte mit Philip. Nach seiner kurzen Anleitung klappte es einigermaßen. Wir lachten dauernd, insbesondere wenn ich mal wieder einen falschen Schritt machte. Es fühlte sich einfach gut an. Er fühlte sich einfach gut an. Ich musste selbst mit meinen hohen Schuhen zu ihm heraufblicken. Und beim Tanzen spürte ich, wie viel Kraft er hatte. Wenn er wollte, könnte er mich einfach herumwirbeln. Aber das Beste war sein Lächeln. Ach, wie sehr liebte ich dieses Lächeln. Das hatte mich vor zwei Jahren schon um den Verstand gebracht.

Ein paar Lieder später verabschiedeten wir uns voneinander und ich machte mich mit meiner Familie auf den Weg nach Hause. Wo ich mit meinen Gedanken war, muss ich wohl nicht erwähnen. Ich schrieb die ganze Zeit mit Helen hin und her. Sie wollte alles wissen. Ob ich ihm jetzt schreiben sollte, fragte ich sie. »Auf gar keinen Fall!«, war ihre Antwort. »Lass ihn jetzt mal den ersten Schritt unternehmen.« Ein typischer Rat. Klang logisch. Entsprach aber nicht meiner Natur. Ich konnte gar nicht anders und tippte mit hastigen Fingern eine Nachricht an Philip. Wie schön es war und dass ich ihn gerne wiedersehen würde. Ich erhielt nie eine Antwort. Verflucht tat das weh. Ich weinte mir die Seele aus dem Leib. Was machte ich nur immer falsch? Was war so schlimm an mir? Wir hatten uns doch hervorragend verstanden. Ich sah mich schon als einsame Jungfer mit 30 Katzen enden. Sollte das wirklich mein Schicksal sein?

ES HAT PING GEMACHT

Eines Abends machte es plötzlich PING – und er tauchte wieder auf. Philip. Durch seine Nachricht waren sofort all die fiesen Gedanken wieder da, die ich sorgfältig weggesperrt hatte. Mittlerweile ahnte ich, welche Situationen unangenehm werden könnten und mied diese schon beim leisesten Verdacht. Doch hier hatte ich keine Chance zur Abwehr. Er durchbrach meinen Schutzwall. Nach so langer Zeit von Philip zu lesen, passte definitiv nicht in meine Komfortzone. Im Gegenteil – es sprengte sie.

Als er mir nach dem Abiball nicht geantwortet hatte, löschte ich seine Nummer. Die Schule war vorbei, wir sahen uns eh nie wieder. Also schloss ich mit dem Kapitel ab.

Dachte ich jedenfalls. Bis er mich aus heiterem Himmel angeschrieben hatte. Warum? Es lief gerade alles gut, ich hatte ein Chemiestudium begonnen und meine erste eigene Wohnung in Hannover bezogen. Eine kleine, gemütliche Einraumwohnung. Mit Küchenzeile in dem Raum, wo ich auch schlief und lernte. Grundsätzlich nichts Besonderes, aber ich liebte die damit verbundene Freiheit. Das war mir plötzlich unheimlich wichtig gewesen. Eigentlich hatte ich mit meiner Mutter vereinbart, weiter bei ihr zu wohnen. Wir hatten extra mein Zimmer neu gestrichen, ein bisschen umgestellt – aber es blieb mein Kinderzimmer. Ich brauchte den Wechsel. Die Zeit war reif dafür, sich auf eigenen Beinen dem Leben zu stellen. Und so hatte es mich von zu Hause weggezogen.

Ich starrte wieder auf den Bildschirm meines Laptops. Leider hatte ich es mir nicht eingebildet, dort wartete noch immer Philips Nachricht auf mich.

»Hey Ilka, wie geht's dir? Lange nichts von dir gehört.« Vor Schreck ließ ich fast mein Käsebrot fallen. Es war also kein Versehen. Er wollte mir wirklich schreiben. Aber warum? Reichte ihm nicht, wie er damals, einem Wirbelsturm gleich, in mein Leben getreten war und es verwüstet zurückgelassen hatte? Was ging bloß in seinem Kopf vor? Der hatte vielleicht Nerven. Ich könnte so tun, als hätte ich das nie gelesen. Eine Nachricht? Nee, nie bekommen. Noch unglaubwürdiger ging's ja wohl nicht. Wie alt war ich überhaupt? Wovor diese Angst? Was sollte schon passieren, außer dass mir wieder das Herz gebrochen wird? Kein Ding, komme ich mit klar.

Ich kratzte allen Mut zusammen und machte mich an eine Antwort. Sofort zögerte ich. Was waren die passenden Worte? Schließlich wollte ich mich von meiner besten Seite zeigen. Es musste wortgewandt sein und kreativ, locker, fröhlich, nicht zu überdreht, die richtige Länge haben … Es sollte ihn zum Schmunzeln bringen und neugierig machen. Der Beweis, dass ich mein Leben absolut im Griff hatte und sehr gut ohne ihn zurechtkam. Ich war eine starke Frau und brauchte niemanden. Nachdem ich mehrere Minuten überlegt hatte, sendete ich lediglich ein »Hi«.

Keine Antwort und es waren bestimmt schon fünf Sekunden vergangen. Wie konnte ich nur so was Lächerliches schreiben? Da wäre ja meine Katze schlauer gewesen. Alle wären schlauer gewesen.

»Sorry, musste mein Brot aufessen«, schob ich hinterher und machte es damit bestimmt nicht besser. Verzweifelt fuhr ich mir durch die Haare. Gab es Ratgeber für Chatgespräche? Wenn ja, sollte ich mir dringend einen kaufen.

Ping. »Ach so. Und wie geht's dir?«

Wie meinte er das? War es eher ein augenrollendes Ach-so oder ein verständnisvolles Brot-ist-lecker-Ach-so? Ich vergrub mein Gesicht in den Händen und versuchte, mich zu beruhigen. Es gelang so semigut. Wie wäre es, wenn ich mir vorstellte, dass es sich um Helen handelte? Was würde ich ihr schreiben? Der Nebel in meinem Kopf lichtete sich ein wenig. Dieses Gedankenexperiment half mir, mich wieder wie ein normaler Mensch zu benehmen. Wir schrieben eine Weile darüber, was seit dem Abi bei uns passiert war. Ob er eine Freundin hatte? Egal, ich schob den Gedanken zur Seite. Ohne Gefühle gab es keine Chance, verletzt zu werden. Außerdem war es eh unwahrscheinlich, dass er Single war. Oh, mein Gott, Schluss damit, das musste wirklich aufhören. Nur Freundschaft, mehr nicht! Nach vielen Stunden des Tippens verabschiedeten wir uns voneinander. Mittlerweile zeigte die Uhr fast Mitternacht an. Doch an Einschlafen war nicht zu denken. Ich wälzte mich von einer Seite auf die andere. Meine Wangen glühten und Philip ging mir nicht aus dem Kopf. Warum schrieb er auch so lieb? Konnte er nicht einfach der Mistkerl sein, für den ich ihn zwischendurch gehalten hatte? Stattdessen brachte er mich noch immer zum Lachen. Alles war wie vor zwei Jahren, die alten Gefühle waren sofort wieder da. Was hatte ich mir da eingebrockt? Das konnte doch nichts werden. Ganz sicher würde ich es später bereuen. War es möglich, an Liebeskummer zu sterben? Dann würde mir genau das passieren. Doch es gab kein Zurück mehr. Die Hoffnung war eine Droge, die mich fest im Griff hatte. Niemals könnte ich freiwillig davon ablassen. Nicht solange der Hauch einer Chance bestand, dass es mal was mit Philip und mir wird.

Als ich am nächsten Tag von der Uni nach Hause kam, pfefferte ich nur hastig meine Schuhe in die Ecke und sprintete zum Laptop. Wie lange wollte der denn noch hochfahren? Ging das nicht schneller? Ich hämmerte das Passwort in die Tastatur und startete den Chat, nur um dann enttäuscht in mir zusammenzusacken. Philip war nicht online. Natürlich hatte ich ihn direkt verschreckt. Was hatte ich denn erwartet? Es wäre besser gewesen, wenn ich gestern nicht so lange mit ihm geschrieben hätte. Rar machen, heißt es schließlich immer. Also beschloss ich, mich mit einem Krimi abzulenken. Den Laptop ließ ich an. Man konnte ja nie wissen. Ich quälte mich durch die Geschichte, blätterte mechanisch um, ohne wahrzunehmen, was ich da las.

Ping. Mit einem Satz war ich am Laptop. Eine neue Nachricht von Helen. Ich versuchte, nicht enttäuscht zu sein. Aber es gelang nicht. Geistesabwesend tippte ich eine Antwort ein. Sie fragte, ob ich vorbeikommen wollte. Automatisch suchte ich nach einer Ausrede, um mich nicht von meinem Laptop lösen zu müssen. Doch was dann? Würde ich hier den ganzen Abend allein rumhängen, in der Hoffnung, dass eine Nachricht von ihm eintrudelte? So hätte ich vor zwei Jahren gehandelt und das hatte nicht funktioniert. Also sagte ich zu.

In den nächsten Tagen schrieben Philip und ich häufig miteinander. Es dauerte nicht lange, bis unsere Gespräche eine gewisse Tiefe erreichten. Wir vertrauten uns Sorgen und Ängste an, die wir nur wenigen Menschen erzählt hatten. Auch solche, von denen ich am liebsten nie erfahren hätte.

»Ich brauche mal deine Hilfe bei einer Sache«, verriet Philip mir geheimnisvoll. Was konnte es bloß sein? Sofort ging mein Gedankenkarussell los.

»Klingt spannend, erzähl!«

»Es gibt da ein Mädchen, das ich mag. Vielleicht kannst du mir Tipps geben?«

Damit hatte ich nicht gerechnet. Ich konnte mich nicht rühren – wie in Schockstarre. Doch er sollte auf keinen Fall merken, wie sehr mich das traf. Also antwortete ich schnell. Gab mich erfreut und zuversichtlich. Es fühlte sich furchtbar an, ihm dabei zu helfen. Aber ich tat es. Dabei hätte ich ihn am liebsten angeschrien, dass er mit der Richtigen doch gerade chattet. Anscheinend hatte ich ihm glaubhaft vermittelt, dass ich über ihn hinweg war. Besser als mir lieb war.

In den folgenden Wochen wurde es zum festen Ritual, abends zu chatten. Hin und wieder kamen wir auf das andere Mädel zu sprechen, aber es lief scheinbar nicht so prickelnd. Ach, wie schade. Dafür verstanden wir uns umso besser und beschlossen, dass es Zeit für ein Treffen war. Rein freundschaftlich natürlich. Ich versuchte, mich nicht zu sehr zu freuen. Bestimmt würde er eh kurz vorher absagen. Das Spielchen kannte ich ja schon. Je näher der Tag rückte, desto aufgeregter wurde ich. Permanent malte ich mir unser Treffen aus. Wie würde es wohl werden? Als der Tag gekommen war, ging das Drama los. Was sollte ich bloß anziehen? Der Wäscheberg vorm Kleiderschrank wurde immer größer. Was sah ansprechend aus, erweckte jedoch nicht den Eindruck eines Dates? Ich entschied mich für Jeans und ein Streifenshirt. Eher zurückhaltend, aber schmeichelte meiner Figur.

Passierte das hier wirklich? Ich saß tatsächlich im Zug nach Braunschweig. Philip würde es nicht wagen, mir jetzt noch abzusagen, oder? Meinen Krimi holte ich gar nicht erst aus dem Rucksack, dafür war ich viel zu aufgeregt.

Es war ein herrlicher Tag im Frühling, meiner Lieblingsjahreszeit. Die Pflanzen erwachten aus dem Winterschlaf und die Vögel zwitscherten beschwingt. Obwohl es später Nachmittag war, hielt mich die Sonne angenehm warm. Die Schweißflecken unter meinen Armen ließen sich aber leider nicht darauf zurückführen.

Als er mir die Tür öffnete, strahlte er. Genauso hatte ich ihn in Erinnerung. Es war fast ein Jahr her, dass wir uns gesehen hatten. Ob ich mich verändert hatte? Wenn ja, ließ er es sich nicht anmerken. Wir umarmten uns etwas unbeholfen und er wollte mir meine Jacke abnehmen.

»Lieber nicht, mir ist ein bisschen kalt.«

Anscheinend ahnte er nichts von der Flunkerei, denn er erwiderte nur: »Dann wird dir die Suppe gleich guttun.« Philip gab mir eine kleine Führung und ich sah mich interessiert um. Seine Wohnung war eine typische Studentenbude, aber etwas größer als meine mit einem separaten Schlafzimmer. Sie kam mir riesig vor und ich war ein bisschen beeindruckt. Hier könnten wir super zu zweit leben. Stopp, Stopp, Stopp. Ich wollte das gar nicht denken. Schluss jetzt. In der Wohnküche stand ein Topf mit Gemüsesuppe auf dem Herd und wir machten noch einen frischen Salat dazu. Nebenbei tranken wir das erste Bier. Dadurch wurde ich lockerer und dachte nicht mehr darüber nach, ob es vorteilhaft war, wie ich saß, wie meine Haare lagen und ob er meine Schweißflecken sehen konnte. Ich war einfach ich. Wir redeten viel, sahen uns irgendeinen schlechten Actionfilm an und der Abend raste so dahin. Als er irgendwann auf dem Sofa einschlief, beschlossen wir, uns schlafen zu legen. Beim Zähneputzen konnte ich nicht glauben, dass der Abend vorbei war. Wir klärten die Zeit für den Wecker, weil sein bester Freund morgen zum Frühstück kommen wollte, und legten uns hin. Ich aufs Sofa. Er im Schlafzimmer. Das war es also.

Nach einer Weile ging die Tür vorsichtig auf. Da stand Philip nun in Boxershorts und T-Shirt. Viel erkennen konnte ich nicht, weil nur das Licht einer nahen Straßenlaterne hereinschien. »Oder kann ich hier schlafen?« War das ein Traum? Ich bekam kein Wort heraus, klopfte nur auf das Polster des Sofas neben mir und starre ihn weiter an. Er verstand mich auch so und gesellte sich dazu. Vorsichtig legte ich meinen Kopf auf seine Schulter und war überzeugt davon, dass es kein schöneres Gefühl auf der Welt geben konnte. Ich fühlte mich unendlich geborgen und gleichzeitig berauscht. Erst als sich der Himmel langsam rosa färbte, fiel uns auf, wie lange wir schon gekuschelt hatten. Was für eine Nacht. Das hätte ich mir niemals erträumt. Wir beschlossen, wenigstens für ein paar Stunden die Augen zu schließen. Unbegrenzt auszuschlafen war wegen der Frühstücksverabredung nicht möglich. Seinen Freund kannte ich noch aus der Schule. Würde das nicht komisch werden? Er hatte damals ja auch alles mitbekommen. Doch als er mit einer riesigen Brötchentüte klingelte, war meine Sorge sofort weggefegt. Wir redeten normal miteinander und er wirkte locker. Doch er schien uns mit einem Röntgenblick zu scannen. Anscheinend sah man uns an, was los war.

Als sie mich zum Bahnhof brachten, verabschiedeten wir uns nur mit einer Umarmung. Alles lief ganz nüchtern ab. Im Zug bereute ich bereits, was passiert war. Wie konnte ich nur so dumm sein? So, so, so dumm. Ich hatte mir doch vorgenommen, nie wieder mein Herz an ihn zu verlieren. Was war aus den guten Vorsätzen geworden? Auch meine Mutter, die ich an dem Tag besuchte, nahm die gedrückte Stimmung wahr. Mehrmals fragte sie mich, ob alles in Ordnung sei, weil ich so abwesend wirkte. Als ich ihr von dem Besuch erzählte, sah ich auch in ihren Augen die Sorge. Sie hatte damals so einiges mitbekommen. Ich beschloss, das Handy den ganzen Tag zur Seite zu legen. So konnte ich mir die Enttäuschung ersparen, wenn er sich nicht meldete. Wahrscheinlich lachten Philip und sein Freund gerade über die Geschichte. Erst auf dem Weg in meine Wohnung holte ich das Handy doch heraus.

Eine neue Nachricht. Bestimmt wieder von Helen.

»Hey, es war ein richtig schöner Abend mit dir. Wir sollten das unbedingt bald wiederholen.« Ich spürte, wie mir Tränen in die Augen traten. Am liebsten hätte ich hysterisch gelacht. Er hatte die Nachricht wenige Minuten nach unserer Verabschiedung geschrieben. Dieser verkorkste Tag wäre mir mit einem Blick aufs Handy erspart geblieben. Egal. Er fand es auch schön. Das war alles, was zählte. Am liebsten hätte ich mein Glück herausgeschrien und wäre den Bahnsteig entlanggelaufen in tanzenden Schritten. Doch ich ließ mir nichts anmerken. Außer einem mäßig unterdrückten Grinsen. Philip wollte mich wiedersehen. Mich.

PLAN M

Warum war mir so verdammt schlecht? Ich hatte das Gefühl, mich übergeben zu müssen. Wo kam denn plötzlich diese Frau mit den roten Haaren her? Ich versuchte, mich aufzurichten. Moment mal, wieso lag ich überhaupt? Und wo war ich? Panisch schaute ich mich um, sah alles nur verschwommen, die weißen Wände kamen auf mich zu. Meine Hände krallten sich in die Bettdecke. Der Geruch nach Desinfektionsmitteln stieg mir in die Nase und die Erkenntnis überfuhr mich wie ein ICE. Ich lag im Krankenhaus.

Sofort fing ich an zu schluchzen. Immerhin kam dadurch die Frau mit den roten Haaren zurück. Sie redete verständnisvoll auf mich ein. Da nahm ich auch Philip zum ersten Mal wahr, der an meiner Seite stand. Er sah müde aus. Beide versuchten, mich zu beruhigen. Sie erklärten mir, dass ich zu viel getrunken hatte. Mir könne aber nichts passieren, ich sollte einfach alles rauslassen, wenn mir übel sei.

Ein paar Stunden lang ging das so. Ich wachte auf, übergab mich, schlief wieder ein. Jedes Mal hatte ich vergessen, wo ich war, und Angst allein zu sein. Einen bühnenreifen Auftritt muss ich da hingelegt haben. Philip hatte die ganze Zeit unbequem auf einem Stuhl geschlafen. Der Arme. Als wir das Krankenhaus verließen, mussten wir auf dem Weg nach Hause dauernd anhalten, weil mir noch immer so schlecht war. Über zwei Promille hatte ich gehabt! Gruselig. Doch mein Freund war die ganze Zeit für mich da, fuhr mich nie an, mich zusammenzureißen. Er akzeptierte sogar meine hysterischen Ausbrüche.

Was war passiert?

Ich hatte wohl versucht, mein Unwohlsein in einer Gruppe mit Alkohol zu löschen. Jedenfalls waren Philip und ich an einem Freitagabend zu einer gemütlichen Runde bei seinem Studienfreund Berti eingeladen. Ich war schon auf dem Hinweg nervös. Was würden die anderen wohl über mich denken? Tat Philip ihnen leid, weil er mich als Freundin hatte? Es war ein kühler Märzabend, dennoch grillten wir Würstchen draußen hinter dem Haus. Philip gesellte sich gleich zu den anderen und klinkte sich in ihre Scherze ein. Ich hielt mich im Hintergrund, nickte und lächelte, die Dunkelheit gab mir Schutz. Doch irgendwann wechselten wir in die kleine Küche der Studentenbude. Wir saßen zu sechst um den abgewetzten Küchentisch herum, ein Verstecken war nicht mehr möglich. Außer mir schien niemand auf den Mund gefallen. Insbesondere Jule, die Freundin von Hannes, schüchterte mich ein. Sie wirkte alternativ, punkig, trug eine zerrissene Karo-Hose und Springerstiefel. Alles an ihr schien zu schreien: Ich bin überzeugt von mir und das zu Recht. Ihre Statements waren radikal, aber eindeutig. Ich fühlte mich wie eine graue Maus und traute mich immer weniger, mich in die Diskussionen einzuklinken. Dabei hätte es einige Gelegenheiten gegeben. Beispielsweise als wir über die Musik sprachen, die wir hörten. Oder als wir neue technische Spielereien besprachen.

Ich meinte Blicke auf mir zu spüren, die zu fragen schienen, was Philip da für eine Niete gezogen hatte.

Irgendwann wurden Cocktails gemixt, süß und sahnig. Und je mehr ich von diesem »harmlosen« Getränk mit dem Strohhalm in mich einsog, desto leiser wurde diese vernichtende Stimme in meinem Kopf. Ich fing an, lustige Storys zu erzählen, und die anderen lachten! Ich gehörte plötzlich dazu. Also ließ ich mir von dem köstlichen Getränk immer wieder nachschenken und ignorierte den Wodka-Anteil … bis zum totalen Filmriss.

Mein erstes Treffen mit Philip war nun einige Wochen her und wir waren ein Paar. Die meiste Zeit konnte ich gar nicht aufhören zu grinsen. Selbst wenn ich morgens allein über meinem zweiten Kaffee saß, strahlte ich vor mich hin. Der beginnende Frühling tat ein Übriges, alles schien nur für mich so herrlich aufzublühen. Ich war euphorisch und aufgeputscht.

Doch zwischendurch schlichen sich immer wieder meine Zweifel ein. Wann fiel ihm endlich auf, dass ich ein Sonderling war? Ich konnte einfach nicht verstehen, warum er sich mit mir zufriedengeben sollte. War ich nicht eine Last für ihn? Sicher bereute er schon, dass er sich auf mich eingelassen hatte. Über manche Nachrichten, die er sicher achtlos losgeschickt hatte, grübelte ich stundenlang nach. Vielleicht schon ein Hinweis, dass er mich bald verlassen wird?

Zu dieser Zeit merkte ich auch, dass es im Studium nicht weiterging. Entgegen meines jahrelangen Wunsches hatte ich mich nicht für Maschinenbau eingeschrieben. Zwar faszinierte mich Technik weiterhin, doch während des Abiturs hatte es meine Chemielehrerin geschafft, mich komplett für ihr Fach zu begeistern. Ihr Unterricht war dermaßen lebendig und gespickt mit praktischen Experimenten, dass ich meine Pläne über Bord warf. Im Studium kam dann schnell die Ernüchterung. Ich fühlte mich völlig überfordert. Das Lernpensum an der Universität war enorm und das Level extrem hoch. Tag für Tag büffelte ich, doch es war einfach zu viel Stoff. Zusätzlich hinterfragte ich die Sinnhaftigkeit der Prüfungsordnung. Musste es sein, dass wir das Periodensystem auswendig können? War es nötig, ein komplettes Fachbuch in einer Prüfung abzufragen? Oder diente es nur dem Aussieben von Studierenden?

Auch bei den unzähligen Stunden im Labor, bei den vielen Experimenten, die mich in der Schule so begeistert hatten, empfand ich keine Freude. Das war einfach nicht meine Welt. Diese Erkenntnis beendete meinen Höhenflug, auf dem ich mich seit dem Abi befunden hatte. Es fiel mir schwer, das zuzugeben. Aber ich war gescheitert. Stolz wie ich war, gab es nur noch eine Option: erhobenen Hauptes und aus freien Stücken zu gehen. Die Schmach, exmatrikuliert zu werden, wollte ich mir ersparen. Also setzte ich auf meinen ursprünglichen Plan: ein Maschinenbaustudium. Ich erwog auch kurz die Möglichkeit, in die kreative Richtung zu gehen. Aber dazu fehlte mir damals der Mut. Lieber was Solides. Als Ingenieurin würde ich immer eine Stelle finden.

Um meinen Eltern nicht auf der Tasche zu liegen, entschied ich mich für ein duales Studium. Dabei absolviert man parallel zum Studium eine Ausbildung, wird also dementsprechend vergütet. Diese Kombi wird fast nur in wirtschaftlichen oder technischen Studiengängen angeboten. Somit war Grafikdesign sowieso raus. Warum auch nicht Maschinenbau studieren? Da wusste ich wenigstens, was mich erwartete. Um sicherzugehen, bewarb ich mich bei vielen Firmen. Doch ich hatte ganz klar einen Favori-

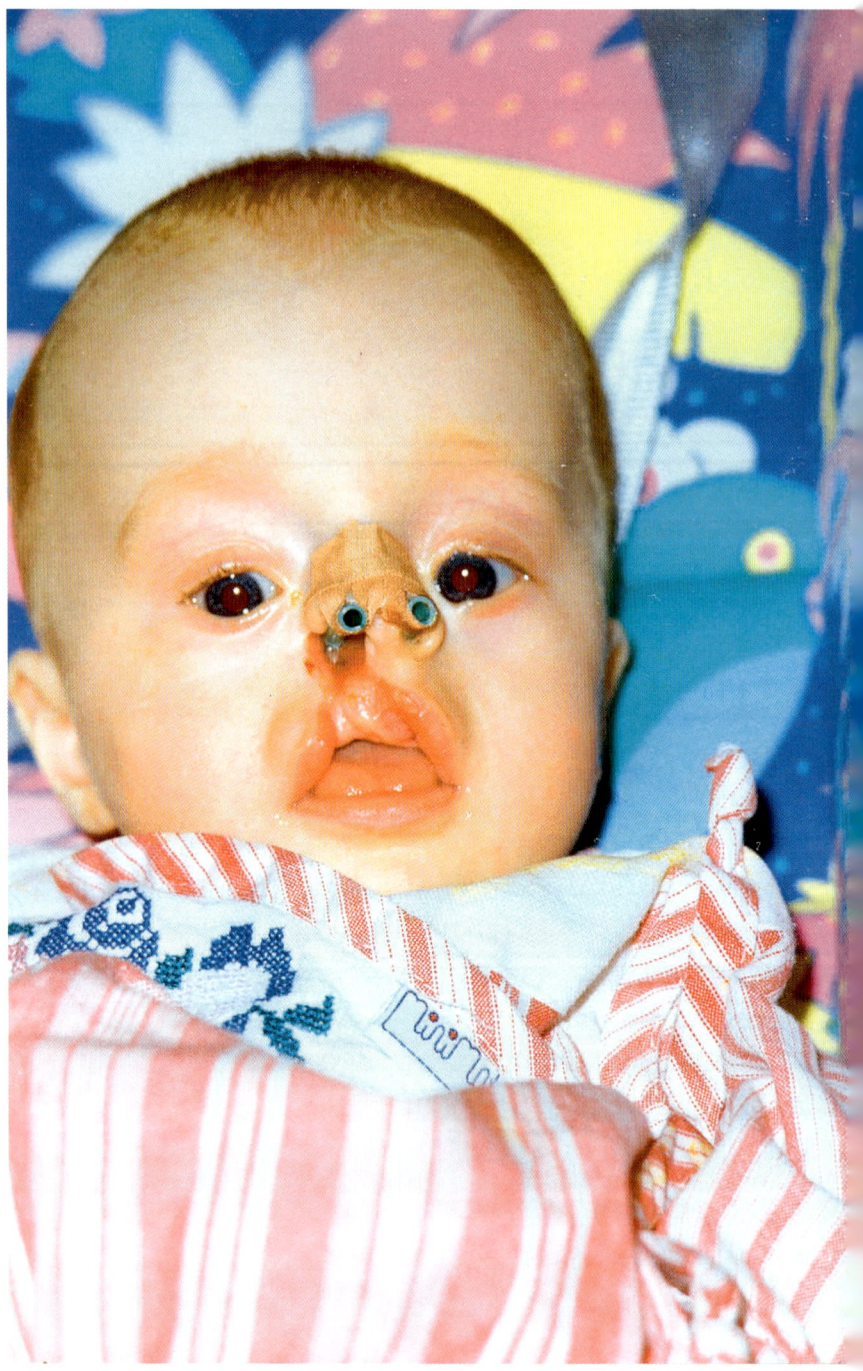

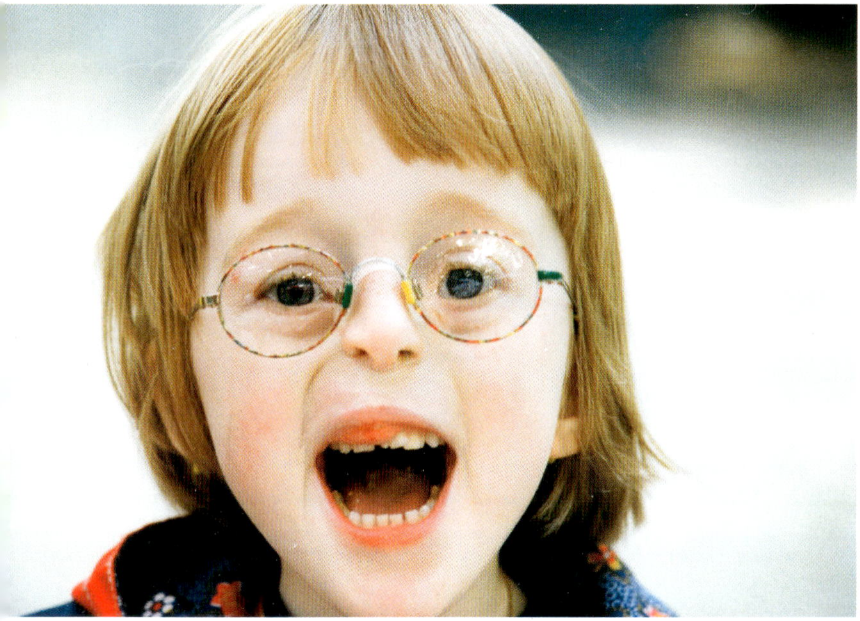

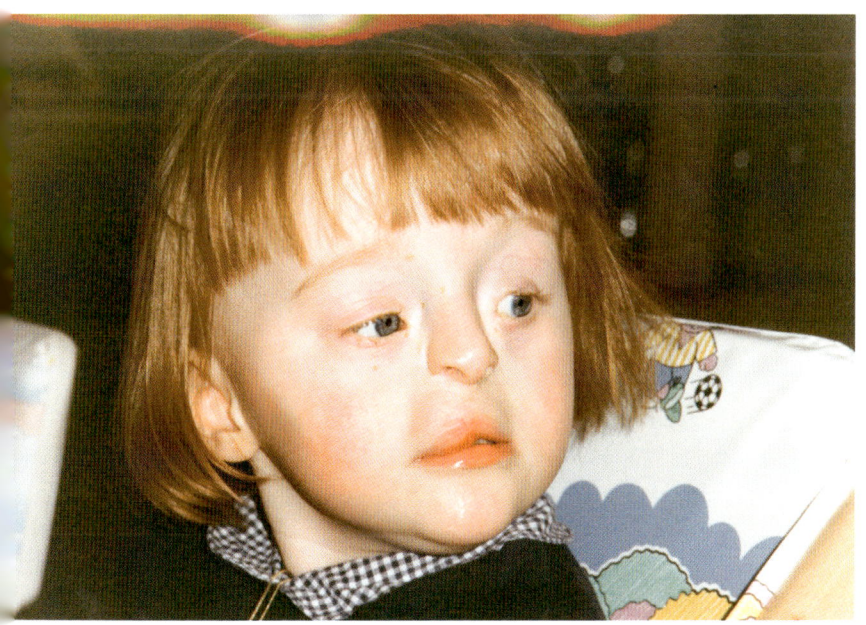

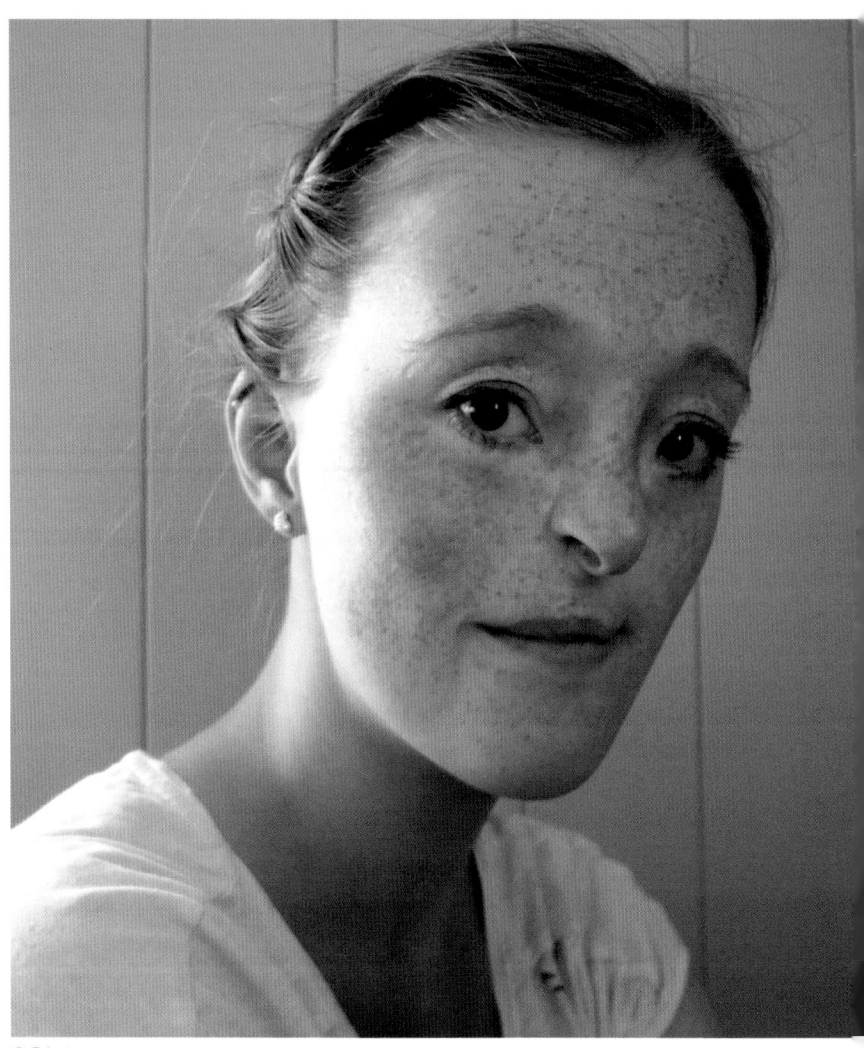

© Jonas Hafner

© Privat

ten: In Braunschweig bei Philip. Ich wollte unbedingt in seiner Nähe wohnen. Als mein Wunschunternehmen aus der Automobilbranche mich zum Einstellungstest einlud, war ich extrem erleichtert. Immerhin gaben sie mir eine Chance. Philip machte dort ebenfalls sein duales Studium für Elektrotechnik. Durch seine Erzählungen konnte ich gut einschätzen, ob das was für mich war. Auf jeden Fall wollte ich das Risiko vermeiden, wieder völlig daneben zu greifen. Ich begann, mich vorzubereiten: Muster erkennen, Zahlenfolgen weiterschreiben, räumliches Denken trainieren.

Die Mühe lohnte sich, denn ich wurde kurz darauf zu einem Bewerbungsgespräch eingeladen. Vor lauter Nervosität erschien ich eine Stunde zu früh. So konnte ich mich immerhin auf dem großen Betriebsgelände zurechtfinden. Dominiert wurde es von den Produktionshallen, zwischen denen Gabelstapler wie Ameisen wuselten. Der Geruch von Metall und Kühlmittel hing in der Luft. Nicht unbedingt der Traumarbeitsplatz vieler junger Frauen. Doch ich ließ mich nicht von der wenig einladenden Atmosphäre abschrecken. Ich sah mich schon, wie ich in ein paar Jahren als gestandene Businessfrau im schicken Kostüm über den Hof schritt. Die Männer würden mich skeptisch beäugen. So nach dem Motto: Was will die denn hier? Aber ich wäre mir nicht zu schade, anzupacken. Natürlich unter anerkennenden Blicken. Die Vorstellung schien verlockend.

Als ich das Ausbildungszentrum betrat, war es wie eine Zeitreise in die Siebziger. Man hatte sich Mühe gegeben, das funktionale Gebäude durch Bilder und Blumen aufzuhübschen. Doch man sah das Alter deutlich. Dafür wurde ich sehr herzlich von der Sekretärin begrüßt und mit Kaffee versorgt. Es folgte ein ulkiges Bewerbungsgespräch. Der Personalchef der Ausbildung, Herr Rothe, ein rundlicher Mann um die Fünfzig, hatte eine besondere Vorliebe: Grillen.

Nachdem alle typischen Fragen geklärt waren, kam er auf sein Lieblingsthema zu sprechen. War das vielleicht ein Test? Aber anscheinend wollte mich niemand aufs Glatteis führen. Herr Rothe grillte einfach leidenschaftlich gerne und berichtete von seinem Smoker, mit dem er besonders gern Rippchen zubereitete. Der Erfolg hing dabei maßgeblich davon ab, wie das Fleisch vorher eingelegt wurde. Da konnte man viel falsch machen.

Wie hoch meine Chancen standen, konnte ich nicht einschätzen. Hatte ich den richtigen Marinadengeschmack bewiesen, um als Ingenieurin genommen zu werden? Oder hätte es doch mehr Knoblauch sein sollen?

Tagelang checkte ich mehrmals die Stunde meine Mails, dann kam der erlösende Anruf. Ich hatte die Stelle! Nun würde ich also Maschinenbau studieren und nebenbei eine Ausbildung zur Industriemechanikerin machen. Mein Plan M, wie ich ihn nannte. Vor Freude hüpften mein Freund und ich in seiner Wohnung auf und ab. Denn dort war ich fast jeden Tag. Was sollte ich auch allein in meiner Wohnung in Hannover? Deren Mietvertrag kündigte ich kurz nach der Zusage. Philip und ich waren uns einig, dass ich erst mal bei ihm einziehen würde. Wir waren zwar erst acht Monate zusammen, aber für uns gab es daran überhaupt keinen Zweifel. Als Studenten schwammen wir nicht gerade im Geld. Warum zwei Wohnungen bezahlen, wenn wir dann eh wieder nur aufeinanderhockten? Lieber einfach ausprobieren und wenn es nicht funktionierte, merkten wir es wenigstens gleich. Doch wir gingen uns nie auf die Nerven, obwohl es nur eine 32 Quadratmeter große Zweiraumwohnung war. Wer sich zurückziehen wollte, konnte nur ins Schlafzimmer gehen. Aber das brauchten wir eigentlich nie. Wenn Philip tagsüber weg war, freute ich mich schon auf seine Heimkehr. Auch er genoss es, jemanden zu haben, dem er vom Tag erzählen konnte. Wir kochten viel zusammen, sahen uns Serien an oder spielten Videospiele. Ein bisschen nerdig waren wir beide.

An einem kalten Januartag zog ich dann endlich nach Braunschweig zu Philip. Mit der verlockenden Aussicht auf ein freies halbes Jahr, bevor das neue Studium losging. Mir war es wichtig, weiterhin eine Routine zu haben, um nicht völlig zu verloddern. Deshalb stand ich immer mit meinem Freund auf, der in der Zeit entweder morgens zur Ausbildung oder in die Fachhochschule musste. Je nachdem in welcher Phase des dualen Studiums er gerade war. Der Wecker klingelte zwischen sechs und sieben, dann zog ich schnell meinen flauschigen Morgenmantel über und schlurfte im Zombiemodus in die Wohnküche. Ein paar Handgriffe später röchelte die Kaffeemaschine bereits vor sich hin. Ich bin ein richtiger Junkie – ohne Kaffee, ohne mich. Während das schwarze Gold langsam die Kanne füllte, schmierte ich meinem Freund schnell ein paar Scheiben Körnerbrot mit Käse, denn er war morgens immer spät dran und hetzte nur schnell los. Jetzt könnte ich mich eigentlich wieder hinlegen. Das Bett sah so verlockend aus. Nur ganz kurz? Nein, stark bleiben. Mittlerweile war der Kaffee fertig und ich nahm eine Tasse mit zu meinem PC, wo ich die nächsten Stunden sitzen blieb. Denn Videospiele waren eine Leidenschaft von mir. Ich liebte es, in fremde Welten abzutauchen. Besonders in

Spiele, in denen man Fantasiewelten bereiste. Je üppiger und origineller diese ausfielen, desto besser. Wenn ein Spiel optisch nicht viel hermachte, hatte es bei mir schlechte Karten. Mir gefiel der Gedanke, mit ein paar Mausklicks in die Haut anderer schlüpfen zu können. Saß ich eben noch im Morgenmantel auf meinem Schreibtischstuhl, konnte ich im nächsten Moment alles sein. Eine wilde Kriegerin, die ihren Clan anführt. Oder doch eine geschickte Assassinin, die man kaum hörte und sah? Die Möglichkeiten waren grenzenlos. Doch ein halbes Jahr nur Videospiele? Ein solcher Suchti war ich nicht.

Ich bekam Lust, mal wieder was zu zeichnen. Das hatte ich bis zur zehnten Klasse häufig gemacht. Die Mangas von damals waren nicht mehr mein Ding, jetzt reizte es mich, realistische Porträts zu versuchen. Ich kramte meine Bleistifte raus und legte los. Von Ähnlichkeit zur Vorlage keine Spur. Also sah ich mir ein paar Videos auf YouTube an und versuchte es wieder. Und wieder. Wenn ich eins hatte, dann war es Zeit. Und so machte ich im Laufe der Wochen erkennbare Fortschritte und begann, meine Werke online zu teilen.

Mittlerweile hatte ich ein Datum bekommen, ab dem meine Ausbildung beginnen würde. Der 1. Juli 2013. Zu der Zeit wollten wir eigentlich Philips Eltern in Norwegen besuchen. Die waren nämlich gerade ausgewandert. Schon vor Jahren hatten sie sich in das Land verliebt. Die malerischen Fjorde und Berglandschaften hatten sie so um den Finger gewickelt, dass sie jeden Urlaub dort verbrachten. Schnell erwachte der Wunsch, dort zu leben. Doch sie warteten, bis Philip die Schule beendet und sein eigenes Leben aufgebaut hatte. Nun würde er sie das erste Mal besuchen. Leider ohne mich. Die Vorstellung, drei Wochen

von ihm getrennt zu sein, beunruhigte mich sehr. Besonders weil ich zu Anfang der Ausbildung bestimmt viel
Redebedarf haben würde. Aber da musste ich jetzt durch.

MIT WEM HAST DU DICH DENN GEPRÜGELT?

Die Patientin hat ein zurückliegendes Mittelgesicht mit deutlich prominenter Papagaiennase und Spannungsseptum, Septumdeviation nach links mit vom Tisch abgewichenem Septum, Spornbildung nach rechts, Muschelhyperplasie. Tränenwegsstenose rechts ausweislich der Bildgebung. Nebenhöhlen lufthaltig.«

Aha!

Ich war mit meinem Vater erneut in die Klinik der Medizinischen Hochschule Hannover gefahren, wo ich zehn Jahre zuvor bereits operiert worden war. Damals hatte man uns eine weitere Operation in Aussicht gestellt, wenn ich erwachsen war und mein Gesicht sich nicht mehr ändern würde.

Ich suchte unter anderem eine Antwort auf die Frage, ob diese Kopfschmerzen, die häufiger bei feuchtem Wetter von meinen Nebenhöhlen ausgingen, etwas mit meiner Fehlbildung zu tun haben könnten. Besonders im Frühling oder Herbst spürte ich ein Brennen in der Nasen- und Stirnregion. Wenn ich erkältet war, dröhnte mir permanent der Schädel.

Der Arzt bohrte mit einer Art Schlauch in meiner Nase herum und bestätigte mir kurz darauf, dass meine Probleme mit den schiefen Atemwegen zu tun haben. Der Luftfluss würde weiterhin durch viel altes Narbengewebe und einen verdickten Knochen behindert. Dadurch konnte in die Nebenhöhlen eingedrungene Feuchtigkeit nur schwer wieder entweichen.

Endlich hatte ich eine Erklärung. Es war also nicht bloß Einbildung. Doch was konnte man jetzt tun? Gespannt sah ich den Arzt an. In seinem Gesicht war hingegen keine Aufregung erkennbar, der machte so was schließlich jeden Tag. Er empfahl uns eine Septorphinoplastik. Sie würden mir die Nase brechen und Gewebe entfernen. Autsch, klingt schmerzhaft. Ein Teil des entnommenen Materials käme dann vereinfacht gesagt in den Mixer und wieder auf die Nase rauf. Nur in einer verbesserten Form. So könnten die Atemwege begradigt werden. Ob sich das lohnte? Es klang schon nach einem sehr unangenehmen Eingriff. Doch der Arzt erzählte weiter, dass die Nase dabei natürlich auch optisch angepasst wird. Wenn man sie eh schon zertrümmert hätte, könnte man sie ja etwas hübscher wieder aufbauen. Bingo. Da hatte er mich. Mein Profil war mir schon immer verhasst. Und es kam noch besser: In der Operation könnte auch ein Tränenkanal angelegt werden. Mir würde also die Flüssigkeit, mit der das Auge feucht gehalten wurde, nicht mehr durch das Gesicht ablaufen. Endlich dürfte niemand mehr denken, dass ich ständig weine. Ziemlich genial, was heutzutage alles geht. Da wird ein kleiner Schlauch unter der Haut vom Auge zur Nase gelegt, um den sich dann eine Schleimhaut bildet. Nach ein paar Wochen wird er wieder entfernt, wobei die Schleimhaut bestehen bleibt und tada: Ein neuer Tränenkanal ist entstanden. Wahnsinn.

Das wollte ich haben. Beides. Am liebsten sofort. Doch jetzt hieß es erst mal Warten. Anträge mussten gestellt werden, Kostenübernahmen geklärt und ein Termin mit dem Krankenhaus gefunden werden. All das zog sich lange hin. Erst einen Monat vor dem Beginn meines dualen Studiums würde die Operation stattfinden. Beunruhigt überlegte ich, wie schnell der Heilungsprozess vonstattenging. Sah ich dann schon wieder normal aus? Oder hätte ich direkt den Namen Ilka Klitschko weg? Trotz der Sorgen sagte ich für den Termin zu. Was wäre denn die Alternative gewesen? Es mitten im Studium machen zu lassen? Die Entscheidung war getroffen. Ab da fieberte ich also der OP entgegen. Es erschien mir wie die Lösung all meiner Probleme. Endlich würde ich gut aussehen.

Ein paar Monate später war der Tag gekommen. Ich fuhr mit dem Zug ins Krankenhaus. Heute würden nur Voruntersuchungen stattfinden, da brauchte ich noch keinen seelischen Beistand. Ganz entspannt räumte ich meine wenigen Klamotten in den eiergelben Schrank, drei andere Frauen lagen mit verbundenen Nasen in dem kleinen Zimmer. Viel hatte ich nicht dabei, schließlich würde ich nicht lange bleiben. Zwei, drei Tage vielleicht.

Anschließend ging es direkt zur Voruntersuchung für die Anlage des Tränenkanals. Dabei wurde mir ein Kontrastmittel in die Öffnung des Kanals gespritzt, um beim anschließenden Röntgen zu schauen, wo eventuell ein Teil vom Tränenkanal verlief.

Man hatte mir erklärt, dass es nicht wehtun würde, weil man im Auge keinen Schmerz spüre, und dennoch gibt es nichts Ekligeres, als eine Nadel auf das eigene Auge zukommen zu sehen. Ich wand mich auf dem Stuhl, um der Nadel unwillkürlich auszuweichen, aber es musste ja sein. Es entstand ein unangenehmes Druckgefühl, als sich die eingespritzte Flüssigkeit am Auge ausbreitete. Das brauche ich so schnell nicht wieder!

»Und du bist ganz sicher, dass wir nicht vor der OP vorbeikommen sollen?«, fragte meine Mutter schon wieder am Telefon. Es fiel ihr offensichtlich sehr schwer, mich in der Klinik allein zu wissen.

»Ach Quatsch, was wollt ihr denn hier? Dann müsst ihr doch die ganze Zeit warten. Schaut lieber vorbei, wenn ich wieder aufwache«, gab ich mich stark und zuversichtlich. Sicherer als ich mich fühlte.

Das Erlebnis mit der Kontrastflüssigkeit hatte mir einen Dämpfer verpasst und hinzu kam meine redselige Zimmergenossin.

Sie hatte die gleiche Operation vor zwei Tagen gehabt. Ich konnte also sehen, was mich erwartete. Natürlich wusste ich nicht, wie sie vorher aussah. Aber die blutverkrusteten Verbände, die Schwellungen und Verfärbungen waren einfach gruselig.

»Also bei Jens, zwei Zimmer weiter, hat sich nachts plötzlich so viel Blut an seinem Auge gesammelt. Das muss ein heftiger Druck gewesen sein. Hätten sie ihn nicht notoperiert, wäre er wahrscheinlich erblindet«, plauderte meine Zimmergenossin einfach drauflos.

Ich hätte was sagen sollen. Sie bitten sollen, mit diesen Schauermärchen aufzuhören. Doch ich traute mich nicht. Stattdessen gab ich mich weiterhin zuversichtlich und redete mir ein, dass bei mir alles gut gehen würde. Aber wirklich gut schlief ich in der Nacht nicht.

Als die Krankenschwester am nächsten Morgen mit dem typischen Kittel ankam, sackte mir das Herz doch kurz in die Knie. Ich zog meine Klamotten aus und schlüpfte in die OP-Kleidung. Umständlich versuchte ich, selbst die Schleife hinten zuzumachen. Mein freier Rücken fühlte sich so kalt an. Und ich fühlte mich plötzlich einsam und ängstlich. Zum Glück nur für einen Moment. Ich bat die Mutter der Bettnachbarin mir die Schleife zuzubinden. »Die Ärzte hier sind wirklich gut. Du brauchst keine Angst zu haben«, machte sie mir noch mal Mut. »Und du bist so tapfer. Das schaffst du!«

Das enge Gefühl in meiner Brust ebbte ab, mein Herzschlag verlangsamte sich. Ich atmete noch mal tief durch. Okay, dann geht's jetzt los. Man fahre mich in den OP und breche mir die Nase.

Als ich aufwachte, war meine Mutter schon da. Falls mein Anblick sie geschockt hat, ließ sie es sich nicht anmerken. Ich fühlte mich, als ob meine Augenlider magisch heruntergezogen wurden. Doch an Schlaf war nicht zu denken. Ich wollte unbedingt wach bleiben und nichts verpassen. Was würde ich jetzt für einen Kaffee geben. Nicht, um gegen die Müdigkeit anzukämpfen. Aber ich hatte solchen Japp drauf. Kaffee machte einfach alles besser. Die Krankenschwester lachte. Wenn ich in der nächsten halben Stunde alles drin behielte, dürfte ich einen Kaffee trinken. Eine halbe Stunde? Ja, war sie denn wahnsinnig? Am Ende saß ich bereits nach 15 Minuten glückselig im Bett, mit einer Tasse Kaffee, den ich nur durch einen Strohhalm trinken durfte.

Schmerzen hatte ich tatsächlich kaum, ich war bestimmt gut vollgepumpt. Dafür machten mir andere Sachen Probleme, mit denen ich nicht gerechnet hatte. Das Schlafen zum Beispiel. Anfangs war das nur auf dem Rücken mit hochgestelltem Oberkörper erlaubt. Für mich als Seitenschläferin total ungewohnt. In den ersten Nächten kam außerdem regelmäßig jemand herein, der mit einer Taschenlampe mein Gesicht untersuchte. War mir aber nach der Horrorstory meiner Zimmernachbarin lieber. Außerdem war mein Mund die ganze Zeit trocken, weil ich nur durch ihn atmen konnte. Meine Nase war komplett eingegipst und in den Nasenlöchern steckten riesige Tamponaden.

»Gut siehst du aus«, begrüßte mich mein Vater, als er mich nach ein paar Tagen aus dem Krankenhaus abholte. Ich grinste zurück. Endlich nach Hause! Die Aussicht auf ein bequemes Bett, leckeres Essen und guten Kaffee war verlockend. Doch meine Gedanken kreisten ununterbrochen um etwas anderes: meine Haare zu waschen. Seit der Operation durfte ich das nicht und meine lange Mähne triefte vor Fett und Blut. Anfangs musste ich sehr vorsichtig beim Reinigen sein und durfte nicht normal duschen. Zum Glück half meine Schwester mir. Unsere schwierige Phase lag mittlerweile hinter uns und wir konnten uns aufeinander verlassen. Unerschrocken, aber behutsam knetete sie meine Haare durch, bis sich das Wasser nicht mehr rot färbte. Anschließend fühlte ich mich wie ein neuer Mensch. So konnte ich Philip begegnen, der mich abends nach Braunschweig bringen würde.

Nach einer Weile stand der Termin zur Gipsentfernung an. Endlich sehen, was das alles gebracht hatte. Wie aufregend! Ungeduldig studierte ich die Kunstdrucke im Warteraum, blätterte gedankenverloren in den obligatorischen Zeitschriften. Ob ich meine Nase überhaupt wiedererkennen würde? Oder machte es gar keinen Unterschied? Meine Nasenspitze konnte ich auch durch den Gips sehen und die war eigentlich wie vorher. Als ich aufgerufen wurde, erhob ich mich mit gemischten Gefühlen. Würde es schmerzhaft werden? Ich hatte dummerweise einige

Beschreibungen dazu im Internet gelesen. Ganz blöde Idee. Zunächst musste dieses saugfähige Material aus der Nase raus. Es hatte sich alles verkrustet, der Arzt zog und ruckelte, dass mir die Tränen in die Augen traten. Immer wieder schossen mir Sorgen durch den Kopf, wie meine frisch operierte Nase dieses Gereiße aushalten sollte. Ich rechnete jederzeit damit, ein Knacken zu hören, weil sie wieder gebrochen wurde. Doch dann war es geschafft. Mit einem schmatzenden Geräusch endete die Prozedur. Luft! Ich konnte wieder atmen. Auf einmal war dieser immense Druck weg. Es war, als ob mir jemand zwei riesige Ballons aus der Nase gezogen hätte. Herrlich. Aber nun war die spannende Frage: Wie sah ich aus? Voller Erwartung griff ich nach dem kleinen Handspiegel, den mir der Arzt hinhielt. »Was für ein Oschi!«, entfuhr es mir. Die Schwellung würde sich in der nächsten Zeit noch weiter legen, erklärte der Arzt mir. Behutsam fasste ich meine Nase an. Moment mal, ich spürte gar nichts. Da war irgendwas kaputt. Panisch erzählte ich dem Arzt von meiner Entdeckung. Auch das sei normal, das Gefühl kehre aber in den meisten Fällen zurück. In den meisten Fällen also – wie beruhigend.

Abgesehen von den Gipsresten und der Schwellung sah das Ganze aber schon ganz gut aus. Eindeutig ein gerideres Profil. Schluss mit der Papageiennase. Ich war zufrieden. Doch die erhoffte Begeisterung stellte sich nicht völlig ein. Die fiese Stimme in meinem Kopf war nicht vollständig verstummt. Ich war immer noch eine junge Frau mit Lippenspalte. Was hatte ich auch erwartet? Eine Komplettrestauration? Dann hätte man sich auch um die anderen Dinge kümmern müssen: das zurückliegende Mittelgesicht, die Nasenmuscheln, das verformte Auge …

Doch eins stand fest: Das sollte meine letzte Operation gewesen sein. An Angeboten, was sich alles noch ändern ließe, mangelte es wahrlich nicht. Hier noch ein bisschen was wegschnippeln, da noch was dazu kleben. Wenn wir gleich dabei waren, könnte man ja noch prophylaktisch etwas gegen Falten tun. Und wie wäre es mit einer Körbchennummer größer? Nein! Mir war klar, dass jede weitere Operation mich in einen Teufelskreis der Selbstoptimierung hineingetrieben hätte. Wann wäre denn genug gewesen? Wenn ich mich selbst gar nicht mehr im Spiegel erkannt hätte?

Ich würde mich jetzt so akzeptieren. Oder es zumindest versuchen.

FAKE IT UNTIL YOU MAKE IT

Neue Nase, neue Haare, neues Studium. Wie oft bekam man schon die Chance für einen völligen Neuanfang? Das wollte ich auf keinen Fall vergeigen. Der erste Tag meines dualen Studiums war ein drückender Sommertag und ich war viel zu warm gekleidet. Doch ich hatte unbedingt das schicke, langärmelige Oberteil meiner Schwester anziehen wollen. Bestimmt hatte ich einen knallroten Kopf. Verlegen strich ich mir die Haare aus dem Gesicht. Erst vor ein paar Tagen hatte ich die Friseurin gebeten, mir einen feschen Bob mit Pony zu schneiden.

Nun, als ich die vielen neuen Gesichter im Ausbildungsraum sitzen sah, kam ich mir albern vor. Die anderen Mädels hatten viel längere Haare, meine Frisur war irgendwie aus der Zeit gefallen. Und überhaupt fiel es mir recht schwer, mich an den Gesprächen zu beteiligen. In männerdominierten Bereichen herrscht oft ein rauer Umgangston, den ich schon aus dem Abi-Jahrgang kannte. Damit kam ich klar, mich musste niemand mit Samthandschuhen anpacken. Auf die flotten Sprüche und spaßig gemeinten Beleidigungen wie »Halt's Maul du Opfer, es interessiert mich nicht, was du sagst!«, war ich allerdings nicht vorbereitet. Das bezog sich zwar nie auf mich, doch es fiel mir schwer, mich in diese hitzigen Debatten einzubringen. Während sich die Jungs am Tagesende schon wieder in den Armen lagen, fühlte ich mich unsichtbar und ausgeschlossen. Die funktionale, graue Atmosphäre der Ausbildungswerkstatt verbesserte den Wohlfühlfaktor auch nicht gerade.

Ich gab mir Mühe, mit den anderen zu reden. Trotzdem hatte ich den Eindruck, dass alle mich komisch fanden. Blieb ich stumm, fühlte ich mich fehl am Platz. Brachte ich mich in die Gespräche ein, befürchtete ich, alle zu nerven. Eines Abends kam ich nach Hause in die kleine, dunkle Wohnung und war mal wieder sauer und traurig zugleich. Wie konnte es sein, dass ich schon wieder in einer Gruppe war, in der ich das Gefühl hatte, nicht integriert zu sein, in der ich mich irgendwie verkehrt fühlte? Warum passierte mir das immer wieder?

Ich starrte in meine extra große Tasse Milchkaffee, als mir plötzlich die Erkenntnis kam. Ein Geistesblitz: Was wäre, wenn es gar nicht so war, wie ich es erlebte, sondern ich es mir selbst schwer machte? Unbehaglich rutschte ich auf dem durchgesessenen Sofa hin und her. Wie konnte es sein, dass ich in den verschiedensten Situationen und Gruppenkonstellationen immer auf die gleichen Probleme traf? Wer war denn die Konstante in all diesen Geschichten? Ich.

Schnell schob ich den Gedanken beiseite, weil er so unbequem war. Denn das würde ja bedeuten, dass ich mich ändern müsste und nicht einfach nur auf die anderen zeigen konnte. Die nächsten Tage beobachtete ich bewusst eine Studienkollegin, mit der ich mich angefreundet hatte. Julia verhielt sich komplett anders als ich. Mit ihren langen, blonden Haaren habe ich sie im ersten Moment völlig falsch eingeschätzt. Sie sah zwar sehr zart aus, war aber furchtlos. Das wurde mir spätestens klar, als sie spontan vom Zehnmeterturm im Freibad gesprungen ist. Mir jagte hingegen schon der Beckenrand Angst ein. Julia war mit zwei Brüdern aufgewachsen und kannte die zuweilen groben Sprachgewohnheiten. Sie nahm die Sprüche nicht persönlich, sondern konterte geschickt. Schnell fand sie ihre Position innerhalb der Gruppe.

Würde mir das auch gelingen? Wie sollte ich plötzlich so schlagfertig werden? Eins stand mittlerweile fest: Ich wollte mich ändern. Es sollte Schluss sein mit der ewigen Selbstsabotage und dem Suhlen im Mitleid. Ich konnte nicht immer alles auf mein Gesicht schieben. Langsam wurde es albern.

Doch wie geht es, sich zu verändern? Wochenlang fühlte ich mich, als ob von verschiedenen Seiten an mir gezogen wird. Wenn eine Situation auftrat, in der ich mich angegriffen fühlte, zog ich mich in mein Schneckenhaus zurück und war eingeschnappt. Dann erinnerte ich mich an meine Erkenntnis und nahm mir vor, jetzt anders zu handeln. Doch wie?

Ich erschuf Mut-Ilka, die Variante von mir, die ich gerne wäre. Auf den ersten Blick konnte man uns verwechseln, wir trugen die gleiche Kleidung, hatten die gleiche Frisur. Und doch wirkten wir völlig anders – Ausstrahlung nennt man das wohl. Es war, als ob ich mir einen Charakter für ein Buch ausdachte. Ein bisschen hiervon, eine Prise davon. Dabei bestand das Grundgerüst aus mir selbst, denn ich wollte mich ja nicht völlig verstellen, aber ich fügte hinzu, was mir praktisch erschien und entfernte unnötigen Ballast. Bye-Bye Sensibelchen-Ilka, die Zeit für ständiges Kopfzerbrechen und überzogene Selbstzweifel sollte jetzt vorbei sein. Am Ende entstand eine Version von mir, die an sich glaubt und locker durch das Leben geht. Immer wenn ich eingeschnappt war oder merkte, dass ich mal wieder nicht den Mund aufbekam, stellte ich mir bildlich vor, wie Mut-Ilka diese Situation durchleben würde. Lässig gewann sie jedes Wortgefecht und bekam tosenden Applaus von der Gruppe. Klingt verrückt und war auch nicht immer möglich. Man stelle sich vor, wie zeitverzögert ich antworten würde, müsste ich vorher erst mal immer das innerliche Schauspiel ablaufen lassen. Deshalb habe ich das häufig abends im Bett gemacht. Sobald mein Freund schon neben mir schnarchte und ich mal wieder nicht einschlafen konnte, rekapitulierte ich den Tag: Wenn Jan das nächste Mal ausgiebig beschrieb, dass sein gestriges Date ein totaler Flop war, weil ihre Nase schief war, fühlte ich mich dabei verhöhnt. Doch ich erkannte, dass er es nicht provozierend meinte und nahm mir vor, ihn darauf anzusprechen. Oder wenn ich mal wieder unterbrochen oder überhört wurde, würde ich ab jetzt nicht zur Salzsäule erstarren und schweigen, sondern dem Kerl mal ordentlich die Meinung geigen. Diese wochenlange Prozedur war ziemlich anstrengend, weil sie mich immer wieder aus meiner Komfortzone holte. Fake it until you make it, war mein Prinzip.

Ich machte Fortschritte, war jedoch von einem normalen Selbstbewusstsein noch weit entfernt.

FOTOSESSIONS

Nach dem Abi hatte ich die Fotografie wieder für mich entdeckt. Tat das gut, nach so langer Zeit durch den Sucher einer Kamera zu blicken. Auf diese Weise sah jedes Motiv spannender aus. Ich liebte es immer schon, Standbilder aus dem Film namens Leben festzuhalten. Mit fünf Jahren bekam ich meine erste analoge Kamera geschenkt: eine blaue Olympus. Es war jedes Mal aufregend, wenn wir in der Drogerie die entwickelten Bilder abgeholt haben. Waren die Schnappschüsse was geworden? Anfangs waren meist der Himmel, meine Füße oder ein Finger vor der Linse zu sehen und nicht das gewünschte Motiv. Im Laufe der Jahre besaß ich verschiedene Kameras und hielt so meine Erinnerungen an Treffen mit meinen Liebsten, Urlaube und Geburtstage fest. Mit Kreativität hatte das nichts zu tun. Umso überraschter war ich, als mir Peter, ein Bekannter aus dem Chemiestudium, 2011 seine Fotos zeigte. Er war ein stiller Mensch, der seine Umgebung genau im Blick hatte. Ich fühlte mich so wohl in seiner Gegenwart, dass ich eine Weile für ihn geschwärmt habe. Doch daraus war nichts geworden. Mit seiner Spiegelreflexkamera erschien er mir hochprofessionell und auch die Bilder hatten es mir angetan. Peter widmete sich ganz der Landschaftsfotografie, seine Strandszenen hätten es in jeden Kalender geschafft. Also versuchte ich das auch, lieh mir die Kamera meines Vaters aus und zog an einem goldenen Herbsttag durch das Dorf, in dem ich aufgewachsen bin. Die Bäume präsentierten gerade noch ein breites Spektrum an Rot- und Orangetönen, bevor sie demnächst die Blätter abwerfen würden. Es war warm genug für eine leichte Jacke und Grillgeruch hing in der Luft. Wahllos fing ich ein, was mir so vor die Linse kam: eine Wiese bei Sonnenuntergang, ein alter Traktor und ein Hagebuttenstrauch. Ich hatte so viel Spaß, dass ich völlig die Zeit vergaß. Ein Effekt, der mich bis heute begleitet, sobald ich eine Kamera in die Hand nehme. In der gelben Doppelhaushälfte meines Vaters angekommen, kopierte ich sofort die Bilder auf den Computer und bearbeitete sie. Meine ersten Gehversuche in der Bildbearbeitung waren geprägt von völlig übersättigten Farben. Dauernd legte ich komische Filter auf meine Bilder, die dadurch gar nicht mehr realistisch aussahen. Trotzdem schickte ich sie stolz an Peter. Er ermutigte mich, weiterzumachen, und so kaufte ich mir kurze Zeit später meine eigene Spiegelreflexkamera. Doch ich war überhaupt nicht zufrieden mit meiner Wahl. Als Studentin musste ich auf mein Geld achten und kaufte das günstigste Modell. Die Bilder waren nicht besonders scharf und der Autofokus quälend langsam. Außerdem kam ich in der Zeit mit Philip zusammen und hatte anderes im Kopf. Also verkaufte ich die Kamera wieder.

Doch Peter hatte mir auch die Internetseite Flickr empfohlen, ein Portal, auf dem man seine Fotos mit anderen teilen konnte. 2014 erinnerte ich mich daran und rief die Seite auf. Es war, als ob ich immer gegen eine verschlossene Tür geschaut hatte und nun einen Blick durchs Schlüsselloch in die weite Welt dahinter werfen konnte. So viele Menschen teilten ihre Fotos online? Da war alles dabei, von süßen Tierfotos über malerische Landschaften, eindrucksvolle Architektur, Eindrücke aus anderen Ländern und so viel mehr. Nächtelang saß ich eingekuschelt in eine Decke vorm PC und klickte mich durch die Flut an Bildern. Dabei entdeckte ich meine Begeisterung für die Porträtfotografie, die ich bisher nur mit Schul- und Bewerbungsfotos verbunden hatte. Doch Porträts konnten ja so viel mehr sein! Die Möglichkeiten, sich durch Mimik und Gestik sowie Umgebung und Bildgestaltung auszudrücken, sind endlos. Ich konnte mich richtig verlieren, wenn ich sie betrachtete, spann Geschichten, was dort passierte. Dabei verliebte ich mich besonders in die Fotos von Ines Rehberger. Sie war zwar ausgebildete Fotografin, ging dem aber nur als Hobby nach. Dennoch wirkten ihre Bilder auf mich sehr professionell – wenn auch ganz anders als die typischen Bilder aus Studios. Die Farben eher zurückhaltend und das Gesamtbild recht düster. Ihre Bilder vermittelten so viele Gefühle, dass ich beinahe glaubte, die Personen darauf zu kennen. Häufig wirkten sie nachdenklich oder sogar melancholisch. Das faszinierte mich, weil ich mein eigenes Lächeln auf Fotos häufig aufgesetzt fand. Über Flickr gelangte ich zu ihrer Facebookseite und zu meiner großen Überraschung postete sie nach ein paar Wochen, dass sie nach Braunschweig gezogen sei und noch Leute suche, die sie dort fotografieren könne. Konnte das ein Zufall sein? Aufregung machte sich in mir breit und ein völlig abwegiger Gedanke ließ sich nicht mehr aufhalten. Sollte ich etwa? Nein, das wäre ja verrückt. Oder doch? So eine Gelegenheit bekam ich bestimmt nicht noch mal. Immer wieder ging ich die Bilder durch, sagte mir, dass sie mit mir eh ganz anders aussehen würden. Außerdem würde sie mich bestimmt nicht fotografieren wollen. Wenn ich gar nicht erst fragte, könnte ich auch keine schmerzhafte Absage bekommen und die Fotos weiter aus der Ferne anhimmeln. Doch einmal da, wuchs der Gedanke, bis ich mich bei ihr meldete. Im letzten Urlaub in Norwegen hatte ich mir die Kamera von Philips Eltern ausgeliehen und mich auch an gefühlvollen Porträts von mir selbst versucht. Ich hatte mir die Haare geflochten, ein paar Blumen hineingesteckt und mich mit ernstem Blick fotografiert. Anschließend hatte ich sie nicht groß bearbeitet, sondern nur in Schwarz-Weiß umgewandelt. Diese Bilder schickte ich ihr mit einem kurzen Text zu mir. Direkt nach dem Absenden bereute ich es schrecklich. Was hatte ich mir nur dabei gedacht? Nervös tigerte ich durch die kleine Wohnung. Innerlich gewappnet, gleich eine Absage zu lesen, wurde ich von Ines' Zusage ziemlich überrascht. Ich konnte mein Glück nicht fassen, denn es wirkte nicht wie eine Floskel, sondern wie ehrliches Interesse. Kein »ja voll gerne, sieht in nächster Zeit aber schlecht aus«. Stattdessen sollte ich gleich die nächsten Tage vorbeikommen.

So kam es im November 2014 zu meinem ersten Fotoshooting. Da ich keine Ahnung hatte, was mich erwartete, packte ich eine riesige Reisetasche voll mit Klamotten. Nicht, dass sie mich für unvorbereitet hielt. Je näher ich ihrer Wohnung kam, desto unsicherer wurde ich. In dieser Gegend von Braunschweig kannte ich mich nicht aus und ich suchte eine Weile, bis ich das Haus fand, in dem sie mit ihrer WG wohnte. Aufgrund des nasskalten Novemberwetters wirkte die Ecke nicht gerade einladend. Mehrmals überlegte ich, einfach wieder umzudrehen. Ich hatte so unglaubliche Angst, dass sie gleich die Tür öffnen würde und sie mein realer Anblick so erschreckte, dass sie mich doch nicht fotografieren wollte.

Endlich hatte ich das Haus gefunden, ging durch den Vorgarten und drückte die Klingel. Im Hausflur schlug mir ein modriger Geruch entgegen, als ich die knarzende Holztreppe in den zweiten Stock nahm. Ich hörte, wie oben die Tür geöffnet wurde und mein Herz schlug mir bis zum Hals.

Doch ihr herzlicher Empfang wischte alle Sorgen weg. Sie bat mich in ihre Wohnung, die sie sich mit zwei Frauen teilte. Man merkte, dass hier kreative Menschen wohnten. Es gab überall etwas fürs Auge zu entdecken: unzählige Fotos und Gemälde, lauter Kram, den ich nicht zuordnen konnte. Es wirkte magisch – wie die Wohnung einer modernen Hexengemeinschaft. Wir fingen ein lockeres Gespräch an und ich trank dabei zum ersten Mal in meinem Leben Matcha Tee. Nicht ein Mal gab sie mir das Gefühl, komisch oder fehl am Platz zu sein. Ich fühlte mich direkt wohl bei ihr und war erleichtert, dass hinter der großartigen Fotografin auch ein toller Mensch steckte. Meine Nervosität nahm schnell ab, weil ich so viel Spaß hatte.

Nach einer Weile begannen wir mit dem Fotoshooting. Sie holte ihre Kamera und einige andere Dinge hervor, die ich neugierig musterte. Ein paar Dosen mit Glitzer in verschiedenen Farben, kleine blaue Sterne und einiges mehr. Nachdem wir aus meiner Tasche ein Outfit zusammengestellt hatten, machten wir zunächst drinnen Bilder. Für einen kurzen Moment war ich noch mal super nervös, was musste ich jetzt machen, wie sollte ich gucken, wo stehen? Doch Ines leitete mich so geschickt an, dass sich mein Herzschlag schnell wieder beruhigte. Wir holten alles aus ihrer Wohnung heraus. Mal klebte sie mir die blauen Sterne auf die Augenbrauen und platzierte mich vor dem Spiegel im Badezimmer, mal mit einer Zigarette am offenen Fenster oder mit angefeuchteten Haaren vor einer schlichten Wand. Anschließend lernte ich die wichtigste Lektion: Spannende Bilder entstehen oft unter unbequemen Umständen. Nur wenige Grad über dem Gefrierpunkt, lief ich mit einem dünnen Rock durch den Regen. Aber ich nahm die Kälte gar nicht wahr, war so voller Adrenalin. Wir setzten mich auf die nasse Straße und ließen mich von vorbeifahrenden Autos regelrecht duschen. Fremde Menschen blickten uns verwirrt an. Lektion zwei: Bei Shootings wird man immer angestarrt. Als ich meine Hände kaum noch bewegen konnte, sahen wir einen Transporter, dessen Scheinwerfer durch die Regentropfen schienen. »Schnell, stell dich mal da vor«, bat Ines mich und so reizten wir die Fotoszenen bis zur letzten Minute aus.

Bei einem wärmenden Tee erklärte sie mir, dass sie meistens zwei, drei Bilder bearbeite und dass das eine längere Zeit dauern könne. Umso größer war meine Überraschung, als sie mir am nächsten Tag mitteilte, dass sie sechs Bilder ausgewählt hatte und nun bearbeiten würde. Das nächste Wochenende verbrachte ich bei meinen Eltern und rechnete nicht damit, plötzlich auf dem Handy eine Benachrichtigung zu erhalten, dass mich jemand auf einem Facebook-Bild verlinkt habe. Plötzlich schaute ich in mein eigenes Gesicht. Das Bild war in Ines' Zimmer auf dem Bett entstanden, wobei man vom Hintergrund kaum was erkennen konnte. Dafür war die Szene zu dunkel. Ganz nah aufgenommen, schaute ich mir auf dem düsteren Foto fragend entgegen, ein paar nasse Haarsträhnen klebten mir im Gesicht und eine Träne lief die Wange herunter. Ines hatte das erste Foto hochgeladen. Ich war davon ausgegangen, dass ich die Bilder vorher noch mal sehe. Lektion 3: Häufig landen die Bilder erst im Netz und dann bei mir. Irgendwie gruselig, mich so nah zu sehen. Solche Aufnahmen hatte ich meist vermieden. Und jetzt konnte theoretisch jeder Mensch auf der Welt diese Bilder sehen und kommentieren. Schnell schaute ich nach, ob verletzende Äußerungen dabei waren. Doch Leute, die Ines folgten, waren ja interessiert an dieser Art der Fotografie abseits des Mainstreams. Somit gab es glücklicherweise nur zwei Arten von Meinungen – keine davon negativ. Manche Leute hoben explizit hervor, dass sie gut fanden, mal ein anderes Gesicht zu sehen, und andere erwähnten in keiner Weise, dass ich irgendwie anders sei. Beides gefiel mir sehr gut.

Nachdem ich den anfänglichen Schock überwunden hatte, zeigte ich das Bild Philip und meiner Familie. Sie fanden es ungewohnt, mich so zu sehen, mochten das Bild aber sehr. In den nächsten Tagen lud Ines die restlichen fünf Fotos hoch. Jeden Tag saß ich bangend vor meinem Computer, Nervenkitzel pur. Würde mir das Bild gefallen? Wie würden Ines' Follower reagieren? Doch es gab weiterhin nur positives Feedback und so sagte ich zu, als Ines mich im Februar 2015 fragte, ob ich Lust auf ein Treffen mit weiteren Fotografinnen und Fotografen hätte, mit ihrer Foto-Family, wie sie häufig sagte.

Einige Leute, die sie kannte, kamen für ein Wochenende nach Braunschweig. Das bot sich als gemeinsamer Nenner zwischen Berlin, Stuttgart und anderen Städten irgendwie an. Wir fuhren in den Harz, wo noch tiefer Schnee lag. Ich hatte mir gerade wieder eine eigene Kamera gekauft und wollte diesmal auch Fotos machen. Doch ich traute mich erst ganz am Ende, ein paar Leute zu fragen, und ich fand es gar nicht so leicht, zu erklären, wie das Motiv aussehen sollte. Ich fühlte mich wie eine Hochstaplerin, dass ich auch mit Kamera dort auftauchte. Doch zum Glück machten es mir die anderen sehr leicht, waren geduldig und aufmunternd. Bei einem Ortswechsel zum Oderteich kam das Auto, in dem ich saß, vor allen anderen an. Um uns die Wartezeit zu vertreiben, machte Jonas Hafner ein paar Bilder von mir. Wir waren schnell fertig und deswegen war ich überrascht, als wir Wochen später den ersten Platz in dem Magazin ,Photographie' mit einem Foto aus dieser Reihe abräumten. Mein Gesicht, von einer dicken Kapuze umrahmt, wurde dabei über zwei Doppelseiten gedruckt. Ein verrücktes Gefühl. Wer würde das wohl alles sehen?

Im Mai 2015 verbrachten wir ein Wochenende mit einem Teil der Gruppe in einer abgeschiedenen Ecke Sachsen-Anhalts. Ein Fotograf hatte uns in seine große Dachgeschosswohnung eingeladen, die Teil eines renovierten Bauernhofs war. Der Giebel der lang gezogenen Wohnung war nachträglich durch ein vollflächiges Fenster ersetzt worden, durch das man auf die umliegenden Wiesen blicken konnte. Es war ein Traum, so würde ich auch gerne wohnen. Wir lebten in den Tag hinein, das Beisammensein stand im Vordergrund. Ich kannte nur Ines, fühlte mich in Gegenwart der anderen aber sehr wohl. Die meisten aus der Foto-Family waren zwischen zwanzig und Mitte dreißig und an ähnlichen Dingen interessiert. Bei leckerem veganem Essen, das wir gemeinschaftlich kochten, saßen wir in der Sonne und philosophierten über das Leben. Ungefähr so stellte ich mir eine Hippiegemeinschaft vor. Eine bunt zusammengewürfelte Gruppe, die nicht viel braucht, um glücklich zu sein. Statussymbole galten hier nichts, alles was wir wollten, war kreativer Freiraum. Niemand war dort überrascht, wenn man um drei Uhr nachts vorschlug, Bilder zu machen oder zum Sonnenaufgang aufzustehen. Weil auch einige Leute Akt fotografierten, war ständig jemand nackt. Irgendwer spielte meist auf einer Gitarre, andere sangen dazu. Ich war glücklich wie lange nicht mehr und liebte unsere sogenannten Meetups. Hier störte es auch niemanden, dass ich nach wie vor eher still war.

Bei diesem Treffen wurde ich auch von anderen Menschen fotografiert. Ich merkte schnell, dass jedes Shooting anders ablief. Besonders in Erinnerung geblieben ist mir die Session mit Lukas Wawrzinek. Während Ines eher aus dem Moment heraus fotografiert, hat er eine ganz bestimmte Vorstellung von dem Bild in seinem Kopf und gibt mir quasi millimetergenaue Anweisungen. Eine Stunde saß ich allein vor dem großen Fenster, während Lukas kleine Veränderungen vornahm. Dieses Vorgehen kommt auch dadurch zustande, dass er gerne analog fotografiert. Bei einem Film überlegt man sich dreimal, bevor man abdrückt. Aber mir gefiel es, dass sich jemand so viel Zeit für mich nahm. Und als ich später zwei Bilder bekam, war ich baff. Das sollte ich sein? Durch das viele Sonnentanken leuchteten meine Sommersprossen an diesem Tag sehr intensiv, was auf den Bildern gut rüberkommt. Mit weit aufgerissenen Augen schaue ich auf den schwarz-weißen Aufnahmen in die Kamera, wirke dadurch verwundert, erschrocken oder neugierig. Eine Variante, in der ich am Anfang sehr häufig porträtiert wurde.

Da ich nun ein paar weitere Leute aus der Gruppe kannte, wurde ich im September 2015 zu einem größeren Meetup eingeladen. So fuhren wir mit circa dreißig Leuten nach Belgien in ein Haus, das uns alle aufnehmen konnte. Es hatte etwas von einer Jugendherberge, mit einem Gemeinschaftsschlafsaal jeweils für Frauen und Männer. In diesem Urlaub wurde ich eher weniger fotografiert, sondern probierte viel selbst, was mir gut gefiel. Die Kombination ist sehr praktisch, weil man sich in die andere Rolle hineinversetzen kann. Mir ist klar, welcher Druck oft auf den Leuten hinter der Kamera lastet und wie anstrengend das Modellstehen ist. Ich lag schon in einem Tümpel voller Blutegel, steckte mit dem Kopf in einem Glasaquarium voller Nebel, schluckte gefühlt literweise Wasser für Unterwasseraufnahmen, hatte das Gesicht voller roter Farbe, die tagelang nicht richtig abging, posierte nackt mit einer Frau, die ich eben erst kennengelernt hatte, um nur ein paar Dinge zu nennen. Aber es lohnte sich jedes Mal.

Im Laufe der Zeit durfte ich mit so vielen verschiedenen Fotografinnen und Fotografen zusammenarbeiten, dass ich die unterschiedlichsten Bilder von mir habe. Es ist beinahe, als ob man durch die Augen einer anderen Person auf sich selbst blicken kann. Die einen stellen einen eher stark dar, die anderen verletzlich, wieder andere voller Lebensfreude. All diese Facetten gehören zu mir, kein Bild zeigt mich zu hundert Prozent. Es ist die Summe dieser Fotos, die erahnen lässt, wie ich wirklich bin. Mal grinsend wie ein Honigkuchenpferd und dann wiederum ganz nachdenklich und in mich gekehrt. So lernte ich stückweise all diese Teile von mir zu akzeptieren, auch die stille Seite, der es völlig ausreicht, anderen zuzuhören.

Mich dann aber auch nicht zu schämen, wenn ich richtig aufdrehe und fast auf den Tischen tanze. Aber auch aufs Aussehen lässt sich das beziehen. Es ist sowohl in Ordnung völlig natürlich zu sein, aber es kann auch Spaß machen, sich mal richtig schick zu machen. Wir haben so viele Möglichkeiten, warum sollte man sich dauerhaft festlegen und damit beschränken?

Durch die Kombination aus glücklicher Beziehung, abgeschaltetem Selbstmitleid und den neuen positiven Gefühlen für mein Aussehen aufgrund der Fotos entwickelte ich mich stetig weiter, glaubte mehr an mich und konnte teilweise gar nicht fassen, wie ich früher über mich gedacht habe. Doch der Weg dahin verlief nicht linear. Es gab immer wieder Rückschläge.

ALTER, IST DIE HÄSSLICH!

Die Mensa war nicht wiederzuerkennen. Die Tische und Stühle waren entfernt und durch DJ-Pulte ersetzt worden. Der Bass dröhnte und überall tanzten Menschen, denn es war Mensa-Party. Ich war mit einigen Leuten aus meiner Ausbildungsgruppe da und fühlte mich wohl. In einer Situation wie dieser früher undenkbar. Mittlerweile war ich entspannter und ging regelmäßig feiern. Dadurch traf mich die Situation auch komplett unvorbereitet. Ich liebe Musik und habe schon immer gerne getanzt, dabei kann ich alles um mich herum vergessen. Anscheinend hat mich ein Kerl schon von hinten beobachtet. Somit sah er nur meine Rückseite, eine durchschnittliche Figur ohne Auffälligkeiten. Ich ahnte immer noch nichts, bewegte mich zu den Bässen und fühlte den Beat. In dem schummrigen Licht kann man aus der Entfernung eh nicht viel erkennen. Als er mich umrundete, fing er an zu lachen und rief seinen Freunden zu: »Oh mein Gott, die hätte ich fast angesprochen, Alter ist die hässlich.«

Während ich wie erstarrt dastand, gleichzeitig den Tränen nah und irgendwie komplett taub, wollte ein Kumpel schon auf den anderen losgehen. Ich halte nichts von Gewalt, aber die Geste hat mich gerührt. Ich versuchte, mir den Abend davon nicht verderben zu lassen, weiter zu tanzen, weiter zu lächeln, aber es war nicht leicht. Ich hatte die ganze Zeit Angst, dass der Typ wieder auftauchte und noch fiesere Dinge sagte. Er hat mich so verletzlich vorgefunden und hart getroffen, weil ich gerade begonnen hatte, mich beim Feiern wohlzufühlen. Es dauerte noch ein paar Wochen, bis ich nicht mehr an die Situation denken musste, wenn ich einen Club betrat.

Die andere Sache, die meine Selbstakzeptanz regelmäßig ins Wanken brachte, war meine Haut. Seit ich nicht mehr die Pille nehme, neige ich zu Pickeln. Wie oft bin ich morgens mit Druck im Gesicht aufgewacht und erst mal zum Spiegel geschlichen. Wie schlimm wäre der Fall? Mit etwas Glück war es nur ein kleiner Hügel, der in ein paar Tagen verschwunden wäre. Häufig begleiteten mich die schmerzenden Knubbel aber wesentlich länger. Auch wenn ich von einer richtigen Akne weit entfernt war, fühlte ich mich unwohl und eklig damit. Unreine Haut wird schnell als unhygienisch empfunden. Im Laufe der Jahre wurde es bei mir aber besser, als sich meine Hormone wieder normalisierten. Doch nicht nur einmal habe ich darüber nachgedacht, einfach wieder die Pille zu nehmen, um diese Probleme los zu sein. Da dieser gesellschaftliche Druck einer makellosen Haut auch durch die Werbung beeinflusst wird, retuschiere ich seit einiger Zeit meine Bilder nicht mehr. Auch die beliebten Face Filter, mit denen man auf Social Media in Sekunden das eigene Erscheinen anpasst, meide ich. Einerseits hoffe ich so, anderen zeigen zu können, wie normal diese vermeintlichen Makel sind. Außerdem möchte ich verhindern, nur mit der digitalen, optimierten Version von mir zufrieden zu sein. Lieben muss ich meine Pickel trotzdem nicht. Und das ist für mich eine der wichtigsten Erkenntnisse: Ich muss nicht alles an mir mögen, ja, darf sogar Dinge richtig doof finden. Aber das sagt nichts über meinen Wert aus. Ich als Gesamtpaket bin gut, so wie ich bin.

DON'T FEED THE TROLLS!

Ein unterbelichtetes Bild von einem angebissenen Burger war das Erste, was ich 2014 auf Instagram hochgeladen habe. Damals hätte ich nie gedacht, wie sich das alles entwickelt. Von der Plattform hatte ich schon gehört und war zunächst skeptisch. Wozu das Ganze? Mit der Zeit erkannte ich die Möglichkeiten der Vernetzung und begann, Zeichnungen und eigene Aufnahmen hochzuladen. Zu meinen beliebtesten Motiven von anderen Accounts gehörten ausdrucksstarke Porträts. 2016 habe ich dann das erste Bild hochgeladen, das ein Fotograf von mir gemacht hat. Mit tief ins Gesicht gezogener schwarzer Kapuze, unter der ich zwischen verwuschelten roten Haaren hervorschaue. Meine dunklen Augenringe nicht wegretuschiert, sondern eher noch betont. Zu dem Zeitpunkt hatte ich wenige Followerinnen und Follower, doch das Bild ging richtig durch die Decke und hatte direkt ein Vielfaches der Likes der Vorgänger. Zufall, schloss ich. Aber jedes dieser künstlerischen Porträts von mir kam erstaunlich gut an. Meine Bilder wurden oft geteilt und sogar von anderen gemalt. Diese ungewohnte Bestätigung machte mich nachdenklich und ich begann, längere Texte zu den Posts zu verfassen. Witzigerweise entschuldigte ich mich zunächst für die vielen Bilder von mir. Dabei hatte ich damals ja noch kaum was gepostet. Aber ich hatte schon nach zwei, drei Fotos das Gefühl, die Menschen zu nerven. So viel Ilka konnte man niemandem zumuten. Zudem hatte die größere Aufmerksamkeit nicht nur Vorteile – es gingen auch verletzende Kommentare damit einher: »So wie du aussiehst, wirst du niemals einen Freund finden!«

Das traf mich wenig, schließlich war ich in einer glücklichen Beziehung. Vergleiche meines Gesichts mit Aliens konnte ich nur müde belächeln und über Mutmaßungen, meine Mutter hätte während der Schwangerschaft getrunken, schüttelte ich den Kopf. Einige glauben, im Internet alles sagen zu können. Als ob sie Verstand und Manieren verlieren, sobald sie ein Handy in die Hand nehmen. Viele sind überzeugt davon, dass öffentliche Profile das abkönnen müssen. Stecken hinter diesen Profilen denn keine echten Menschen mit Gefühlen? Diese Personen handeln, geschützt von einem Pseudonym und einem Foto, auf dem sie nicht zu erkennen sind. Ich sagte mir immer, dass diese Kommentare mehr über sie selbst als über mich aussagen. Doch manchmal kochte eine Wut in mir hoch, weil ich einfach kein Verständnis dafür aufbringen konnte, warum manche Menschen so sind. Genießen sie den kurzen Kick, sich besser zu fühlen, weil sie andere abgewertet haben? Liegt der Mensch dann abends im Bett und denkt sich: »Was für ein erfolgreicher Tag, ich habe andere im Internet fertiggemacht. Hoffentlich wird morgen auch so schön«? Kann man sich wirklich besser fühlen, indem man andere schlecht macht?

Ein Gedanke ging mir nicht aus dem Kopf: Wie wäre ich vor einem Jahr damit umgegangen? Solche Kommentare hätten mich anfangs stark verunsichert und vielleicht wäre ich sozialen Medien komplett aus dem Weg gegangen. Die Vorteile dieser Strukturen hätte ich nie kennengelernt: Ich konnte kreative Ideen umsetzen und mich austauschen. Dieses Glück haben nicht alle.

Meine Taktik ist immer, nicht direkt auf die Kommentare einzugehen. Denn wenn ich eins gelernt habe: Die wollen nur Aufmerksamkeit. Don't feed the trolls. Egal auf welche Art man antwortet, ernsthaft, böse, sie ins Lächerliche ziehend, sie werden weitermachen. Es ist ein Spiel, das man nicht gewinnen kann. Niemand geht siegreich daraus hervor, nicht mal diejenigen, die rumgepöbelt haben – das ist ja das Perfide. Wut erzeugt Wut.

Eines Tages war ich mal wieder genervt von dummen Kommentaren. Ich habe nicht lange nachgedacht und ein Babyfoto von mir rausgesucht, auf dem man die Spalte sieht, und mir in einem Post Luft gemacht. Wenige Bilder von mir wurden so häufig geteilt wie dieses. Manche waren vielleicht überrascht, weil ich diesen Gefühlsausbruch hatte und sie mich als zurückhaltend kannten. Doch an dem Tag musste es dieser laute Protestpost sein.

Über die nächsten Monate teilte ich häufiger meine Ansichten, die Texte unter den Bildern wurden immer länger und wichtiger als die eigentlichen Fotos. So kam es, dass Saskia Frietsch auf mich aufmerksam wurde, ebenfalls eine junge Frau, die in ihrer Freizeit das Projekt Grenzenlos betrieb. Da sie selbst die Erkrankung Morbus Crohn hat und sich mit ihren Narben und dem künstlichen Darmausgang erst mal zurechtfinden musste, hat sie ein Fotoprojekt ins Leben gerufen. Besonderheiten und Behinderungen werden hier nicht versteckt, sondern in Szene gesetzt. Sie lud mich zu einem Gruppenfotoshooting in Bonn ein, das vom WDR begleitet werden sollte. Als sparsame Studentin fuhr ich per Mitfahrgelegenheit, die mich so weit entfernt absetzte, dass ich zu spät kam. Völlig abgehetzt erreichte ich ein altes, weißes Haus nahe einer Einkaufspassage. Mich irritierte die Location, da ich eher mit einem Studio gerechnet hatte. Stattdessen klingelte ich bei einer Privatwohnung. Aber bei was für einer! Es wurde extra eine wunderschöne Altbauwohnung voller antiker Möbel gemietet. Zum Glück waren alle entspannt bezüglich meiner Verspätung und nach dem ersten Kaffee wurde ich ruhiger. Es gab ein Kamerateam, zwei Visagistinnen und eine Reporterin, die uns die Fragen stellte. Außerdem hatte Saskia fünf weitere Personen für das Shooting gefunden. Von denen war ich eigenartigerweise ein wenig eingeschüchtert. Obwohl wir alle für die gleiche Sache standen, fürchtete ich, dass die anderen mich komisch finden würden. Die üblichen Zweifel also. Die Tatsache, gleich fürs Fernsehen gefilmt zu werden, machte es nicht besser. Vor dem Shooting nahmen sie schon ein kleines Interview mit allen auf. Wo sollte ich hinschauen, zur Reporterin oder der Kamera? Was wäre, wenn ich mich versprach?

Komisch fand ich zunächst auch, von der Visagistin gestylt zu werden. Aber ich war gespannt auf das Ergebnis, schließlich konnte ich die anderen schon bewundern. Von meiner eigenen Verwandlung war ich allerdings weniger begeistert. Die Visagistin hatte ihre Arbeit gut gemacht, rein objektiv betrachtet sah es schön aus. Doch das war immer noch ich – nur mit mehr Farbe im Gesicht. Ein Gefühl ähnlich wie nach der Nasenoperation stellte sich ein, einfach nichts dagegen tun zu können, wie ich aussehe. Was für eine Enttäuschung. Aber das Gefühl verflog rasch wieder und zurück blieb nur der Eindruck, ein bisschen verkleidet zu sein. Ich schminke mich zwar gerne für bestimmte Anlässe, aber eher dezent. Nachdem andere ihre Hand angelegt haben, fühle ich mich häufig, als wäre das nicht mehr ich. Deshalb habe ich auch gelernt, genauer zu kommunizieren, was ich möchte und was nicht: nicht viel Farbe, insgesamt eher dezent.

Eigentlich war ich mittlerweile erfahren in Shootings, aber an diesem Tag legte sich meine Nervosität nicht vollständig. Ich fühlte mich beobachtet. Die anderen schüchterten mich nach wie vor ein, obwohl sie herzlich waren. Vielleicht lag es daran, dass ich als Nachzüglerin in eine bestehende Gruppe gekommen war. Es wirkte jedenfalls, als ob sich die anderen schon länger kannten. Außerdem empfand ich ihre Narben eher als spannend und nahm sie, im Gegensatz zu meinen Auffälligkeiten, als sehr hübsch wahr. Die Fotografin setzte mich erst auf ein antikes Sofa, später an einen verzierten Kamin und anschließend dirigierte sie mich zu einem großen, goldenen Spiegel, in dem ich mich nachdenklich betrachten sollte. Und dann war es auch schon wieder vorbei. Das eigentliche Shooting dauerte vielleicht eine Viertelstunde – ziemlich kurz, weil wir so viele waren. Noch schnell ein Gruppenbild und dann machte ich mich auf den Weg nach Hause. Noch immer stark geschminkt, saß ich im Zug und träumte vor mich hin. Ob die anderen Passagiere in ein paar Wochen die Ausstrahlung sahen? Erinnerten sie sich dabei an mich? Die Anspannung, die mich den ganzen Tag begleitet hatte, legte sich langsam und an ihre Stelle trat Stolz. Trotz Angst hatte ich das durchgezogen! Doch ich wollte kein großes Ding daraus machen und erzählte nur wenigen Leuten davon. Eine einmalige Sache, die bald vergessen sein würde. Viele Menschen waren schon mal im Fernsehen gewesen.

Als ich kurz nach der Ausstrahlung meine Mails öffnete, verschluckte ich mich fast am Kaffee. Eine andere Reporterin wollte ebenfalls mit mir drehen. Doch diesmal allein. Wechselnde Gefühle stiegen in mir hoch. Einerseits war ich aufgeregt, aber auch verwundert. So besonders war meine Geschichte doch gar nicht! Woher kam dieses mediale Interesse? Trotzdem stand sofort fest, dass ich zusagen werde. Einen Beitrag wie diesen zu sehen, hätte ich als Kind gebrauchen können, zwischen all den oberflächlichen Formaten. So konnte ich selbst die Veränderung sein, die ich mir wünschte.

Die Reporterin war vom NDR und drehte für ein regionales Magazin in Niedersachsen und Bremen. Als sie vorschlug, dass Ines Rehberger, mit der alles angefangen hatte, mich für den Dreh fotografieren könnte, stutzte ich kurz. Würde Ines sich darauf einlassen? Viele Menschen haben verständlicherweise eine große Hemmschwelle, im Fernsehen aufzutreten. Zu meiner Überraschung sagte sie sofort zu.

An einem schweinekalten Wintertag drehten wir in Braunschweig eine kleine Reportage. Eine leichte Schneeschicht lag auf dem Boden und ein stechender Wind schlug uns entgegen. Wir hatten uns den Hafen von Braunschweig als Location ausgesucht, weil wir hier schon häufiger geshootet hatten. Riesige Berge an Schutt und anderen Geräten, die verladen werden sollten, ließen den Ort industriell und etwas skurril wirken. Aufgrund der Kälte waren wir in unseren Möglichkeiten sehr eingeschränkt. Ines hatte einen langen, roten Mantel mitgebracht, den ich trug und der gut mit dem Schnee kontrastierte. Ein echter Hingucker, der einem förmlich ins Auge sprang. Wir machten zunächst nahe Porträts, bei denen ich auf einem dieser Berge saß. Außerdem ein paar weitwinkligere Aufnahmen, mit Industriegebäuden im Hintergrund. Sogar ein herumstehender Zug wurde zweckentfremdet. Ich kletterte ein paar Sprossen der kurzen Leiter an der Lok hinauf, hielt mich oben an einem Griff fest und lehnte meinen Körper nach hinten. Irgendwann konnten wir vor Kälte die Finger kaum noch bewegen, hatten aber eh genug Fotos. Da war auf jeden Fall was Gutes dabei. Zum Glück wäre der nächste Part im Warmen. Das Fernsehteam und ich verabschiedeten uns von Ines und fuhren weiter zu einem kleinen Café in der Altstadt von Braunschweig. Schiefe Fachwerkhäuser säumten die Straße mit Kopfsteinpflaster. Schon im Voraus hatte ich mit der Besitzerin des Cafés geklärt, ob ein kurzer Dreh in Ordnung wäre. Es hatte ein paar Anläufe gebraucht, bis ich eine Örtlichkeit gefunden hatte, wo das möglich war. Beim Betreten schlug mir wohltuende Wärme entgegen und der süße Geruch nach Crêpes ließ mir das Wasser im Mund zusammenlaufen. Weshalb ich mir auch sogleich etwas bestellte. Gestärkt und mit einem heißen Kaffee gerüstet, nahmen wir hier ein Interview auf. Mittlerweile war mir wohlig warm und ich war beim zweiten Kaffee angelangt, das war ein Dreh nach meinem Geschmack. Die Reporterin war sehr freundlich und stellte auch keine komischen Fragen. Ich fühlte mich während des ganzen Tages wohl und war auch mit dem Ergebnis des Drehs sehr zufrieden. Ein Punkt, der nicht immer so sein würde.

EIN TREFFEN IN KÖLN

Ein Glück, dass ich selbst so wenig fernsah. Denn sonst wäre ich sicher nervös gewesen, als ich eine Einladung in die Talkshow »Kölner Treff« erhielt. Als mich eine unbekannte Nummer anrief, traute ich meinen Ohren kaum. Die wollten mich als Gesprächspartnerin haben.

Ein paar Wochen später fuhr ich morgens nach Köln. Das war ein richtiges Abenteuer für mich, über das ich bis heute schmunzeln muss.

Der gesamte Tag war eine Aneinanderreihung von Fauxpas, weil ich so unerfahren und nervös war. Im Hotel fand ich nicht den Trick, wie Aufzug und Licht funktionierten, und im Studio kam ich recht naiv rüber.

»Ich bringe Sie dann mal in den Raum, in dem Sie sich umziehen können, Frau Brühl«, erklärte mir eine Mitarbeiterin des Senders, als ich im Studio angekommen war.

»Nicht nötig, ich bin schon fertig«, winkte ich ab.

Sie musterte mich kritisch. »Ah ja. Und Sie haben auch nichts anderes mit?«

Nein. Hatte ich nicht. Ich trug natürlich genau die Farben, die ich vermeiden sollte. Schwarz und weiß. Die ließen sich schlechter von den Kameras einfangen. Das hatte man mir zwar vorher gesagt, nur hatte ich das im Laufe des Auswahlprozesses meiner Kleidung wieder vergessen. Upsi.

Als ich in den Aufenthaltsraum geführt wurde, stieg die Aufregung schlagartig an. Doch es war nicht das verführerische Buffet, das meinen Puls in die Höhe trieb, sondern die Anhäufung von Menschen, die ich bis dato nur aus dem Fernsehen kannte. Auf dem Sofa unterhielt sich Moderator Reinhold Beckmann gerade mit Schlagersängerin Beatrice Egli. Da ich Wissenssendungen schon als Kind geliebt hatte, war mein persönliches Highlight Ralph Kaspar, der Quarks & Co moderiert. Wie sollte ich mich verhalten? Wahrscheinlich wäre es am besten, unauffällig in der Ecke zu sitzen. Das Buffet sah zwar köstlich aus, aber ich hatte Angst, auf mein weißes Shirt zu kleckern. Warum hatte ich bloß keine Wechselklamotten mitgenommen? Ich kam mir dumm und unerfahren vor, entspannte mich dann aber, als ich merkte, wie lieb alle waren. Sowohl die Leute vom Sender als auch die prominenten Gäste. Schnell wurde ich in ein Gespräch verwickelt über das, was ich so tat. Viel Zeit blieb nicht, denn ich wurde zum Vorabgespräch mit der Moderation geholt. Zusammen mit Susan Link und Micky Beisenherz gingen wir meine Geschichte noch mal durch, um sicherzugehen, dass die beiden richtig informiert waren. Stimmte alles, jetzt konnte ich in die Maske. Aus der Vergangenheit schlauer, sagte ich relativ klar, was ich wollte. Wellige Haare, ein natürliches Make-up, kein Lidstrich, nur Erdtöne für den Lidschatten. Ich fühlte mich wunderschön, als die Visagistin fertig war, und postete direkt ein Selfie in meiner Instagram Story. Einige Personen wünschten mir Glück und dann ging es ins Studio. Die Zuschauer saßen schon auf ihren Plätzen, die Moderation hatte bereits die Junior-Gedächtnisweltmeisterin und einen Schlagzeuger aufgerufen. Kameras blinkten, Scheinwerfer strahlten und plötzlich wurde ich panisch. Welches war noch mal mein Platz? Hatte ich überprüft, dass ich nichts zwischen den Zähnen hatte? Und warum zur Hölle hatte ich es überhaupt für eine gute Idee gehalten, live im Fernsehen aufzutreten?

»Und hiermit begrüßen wir Ilka Brühl, eine junge Frau, die anderen Mut machen möchte«, beendete die Anmoderation meine Zweifel. Geschafft, ich saß. Jetzt konnte ich mich erst mal zurücklehnen, weil ich zuletzt dran war.

»Welcher Liebeskummertyp bist du denn, Ilka? Typ A, der traurige Musik hört, oder Typ B, der sich mit glücklicher Musik ablenkt?« Mit einer Zwischenfrage kurz vor meinem Part hatte ich nicht gerechnet und nur mit einem halben Ohr zugehört, da ich mich innerlich vorbereitete. »Eeehm, eindeutig Typ B, ich zelebriere das dann völlig und höre laute traurige Lieder.«

»Dann meinst du sicherlich Typ A, oder?«

»Genau, das meinte ich.«

Doch ich reagierte souverän und lachte mit den anderen mit. Kurz darauf war ich dran und alles lief super. Die 90 Minuten vergingen wie im Flug und ich konnte gar nicht glauben, dass es schon vorbei war. Glücklicherweise musste ich nicht sofort zurück ins Hotel, sondern wir saßen noch eine Stunde bei einem Kölsch zusammen. Diesmal konnte ich mich auch am ausgezeichneten Buffet bedienen, das weiße Shirt hatte seine Arbeit getan. Ich probierte mich munter durch die leckere Tomatensuppe, Häppchen und Salate. Ich war total aufgeputscht, was verstärkt wurde, als Reinhold Beckmann auf mich zukam und mir sagte, wie beeindruckt er von meiner Geschichte sei.

Doch einen peinlichen Moment leistete ich mir leider noch. Ausgerechnet mit Ralph Kaspar. Dieser hatte in der

Sendung sein neues Buch vorgestellt, was mir ebenfalls völlig entgangen war. Scheinbar hatte die Nervosität mich nirgends richtig zuhören lassen. Doch ich wusste von der Vorbesprechung davon.

»Wie schön, dich mal persönlich zu treffen, nachdem du meine ganze Kindheit begleitet hast. Ich habe gehört, dass du ein Buch für Kinder rausbringen wirst, stimmt das?«

»Meinst du das Buch, das ich gerade vorgestellt habe?«

Peinlich! Aber auch er war sehr freundlich und wir unterhielten uns eine Weile, bevor es wieder ins Hotel ging. Einerseits war ich komplett im Eimer und dennoch so aufgekratzt, dass an Schlaf nicht zu denken war. Stattdessen beantwortete ich die vielen Nachrichten, bis ich einschlief.

Durch jeden Bericht wurde nach einer Weile das nächste Format auf mich aufmerksam, und so kam es im Laufe der Zeit zu einigen Interviews und ein paar Fernsehbeiträgen. Eine spannende Erfahrung, bei der ich einiges gelernt habe. Und viele Fehler gemacht habe. Die wichtigste Erkenntnis: Ich muss nicht alles mitmachen. Insbesondere zu Anfang habe ich mich nicht getraut, meine Meinung zu sagen, und gedacht, dass die Profis schon wissen, was gut ist. Tun sie auch – für ihre Einschaltquoten. Drama, Drama, Drama. Mir war immer wichtig, dass die Beiträge Mut machen, an sich zu glauben. Die Geschichte vom armen Mädchen, das früher gemobbt wurde, verkauft sich aber besser. Und ich habe anfangs völlig unterschätzt, welche Rolle der Schnitt spielt. Hinter jedem Clip von maximal fünf Minuten stecken mehrere Stunden Aufnahmen. Da kann ich noch so viel darüber reden, wie gut ich es hatte, ein paar negative Einblicke lassen sich zum ganzen Beitrag aufbauschen. Viele Szenen würde ich heute nicht mehr so drehen. Wenn ich solche Anfragen bekomme, die nur das Drama hervorheben wollen, lehne ich sie ab oder weise auf Aspekte hin, die mich stören. Doch dieses Selbstbewusstsein musste erst mal entstehen. Und an viele Dinge bin ich vorher einfach naiv rangegangen. Aber ich versuche mich deshalb nicht zu grämen. In all das bin ich völlig ungeplant hineingestolpert. Nichts bereitet einen auf die öffentliche Aufmerksamkeit vor. Es ist in Ordnung, dass ich dabei mal Pfade betreten habe, die nicht zu mir passen. Daraus durfte ich für die Zukunft lernen.

MIT DEM HERZEN WOANDERS

Mit leichtem Druck bewegte ich den Bleistift über das raue Papier, ein schabendes, angenehmes Geräusch. Ich legte den Kopf schief und verglich das Porträt mit der Fotovorlage. Der Bogen an der Nase müsste etwas mehr betont werden und den Schatten vom Wangenknochen könnte ich noch verstärken. Meine Augen tränten vom stundenlangen Starren auf die Zeichnung und mein Nacken war verspannt. Eine kleine Pause würde mir guttun. Ich griff nach der gepunkteten Tasse, in der sich ausnahmsweise kein Kaffee befand, denn es war spät am Abend. Ich blickte aus dem Fenster. Tagsüber konnte ich von meinem Platz die Amseln auf dem Baum gegenüber beobachten, doch jetzt war es beinahe dunkel. Ein weiterer herrlicher Sommertag, den ich lieber am Schreibtisch als am Badesee verbracht hatte. Neben mir saß mein Freund am Computer und daddelte, während ich einen Auftrag bearbeitete. Über Facebook hatte ich die Anfrage bekommen, eine Familie zu malen. Mit vollem Eifer stürzte ich mich auf die Aufgabe. Was für ein schöner Gedanke, dass ich nur mit meinen Händen und ein paar Stiften etwas erschaffen konnte, was jemand sich aufhängen würde. Vor ein paar Tagen hatte ich mir schon hübsches Versandmaterial gekauft, um der Auftraggeberin ein rundum schönes Erlebnis zu bieten. Man sollte sehen, dass hier mit Liebe gearbeitet wird.

125

Etwas voller Hingabe zu tun, ist ein unglaublich befriedigendes Gefühl. Es ist wie Magie, wenn man so im Flow ist, dass man Zeit und Raum um sich vergisst, was mir regelmäßig beim Zeichnen und Fotografieren passiert. Wenig verwunderlich also, dass ich immer mal wieder den Gedanken hatte, dieser Neigung auch beruflich nachzugehen.

Etwa ab der Hälfte meines Maschinenbaustudiums informierte ich mich über kreative und soziale Berufe. Noch mal eine Ausbildung abzubrechen, kam aber überhaupt nicht infrage. Dafür war ich zu stolz. Das vorzeitig beendete Chemiestudium nagte noch an mir. Außerdem lag ich mit Maschinenbau nicht völlig daneben, es interessierte mich durchaus und machte mir Spaß. Aber es fühlte sich an, als ob ich ein leckeres Brot esse, während ich auf ein reich gedecktes Buffet schaue. Im Internet verfolgte ich zudem einige Selbstständige. Es reizte mich, meine eigene Chefin zu sein, mir meine Aufgaben frei einzuteilen und die volle Verantwortung zu tragen. Nicht um weniger zu arbeiten, der Illusion würde ich mich nicht hingeben. Irgendwoher musste der Spruch »selbst und ständig« ja kommen.

Deshalb nahm ich 2016 den Auftrag für das Porträt an, um auszuprobieren, wie mir das gefällt. Ich merkte schnell, dass ein paar Aufträge dieser Art nicht zum Überleben reichen würden. Entweder müsste ich an der Qualität oder am Preis schrauben – beides wollte ich nicht. Die Idee wurde also begraben und kurz darauf ploppte die Fotografie auf. Wie wäre es denn, Hochzeiten zu fotografieren? Was konnte es Schöneres geben, als die Liebe zweier Menschen auf Bildern festzuhalten? Doch die saisonale Wochenendarbeit wäre nicht unbedingt ideal vereinbar mit einer zukünftigen Familie, die ich mir ja unbedingt wünschte. Und so wurde auch diese Idee begraben und nur als Hobby ausgeführt. Nebenbei hatte ich kürzlich wieder zu schreiben begonnen und empfand große Freude dabei. Früher hatte ich mir bereits gerne Geschichten ausgedacht und bin bis heute ein richtiger Bücherwurm. 2011, als ich nach dem Abi eine Weile frei hatte, entstand die Idee einer Geschichte für Teenies, die mich nie ganz losgelassen hatte. Und plötzlich war sie wieder da. Wollte weitergesponnen und aufgeschrieben werden. Mithilfe des Internets kann man sich heutzutage so viel selbst beibringen und ich begann, mich zu informieren. Wie baue ich eine Geschichte am besten auf? Wie würde aus der losen Idee in meinem Kopf ein spannendes Buch? Bei der Suche nach passender Literatur stieß ich zufällig auf die Autorin Sylvia Englert, die einige Ratgeber zu dem Thema geschrieben hat. Als ich gelesen habe, dass sie hinter dem Pseudonym Katja Brandis steckt, war ich völlig aus dem Häuschen. Denn deren Kinder- und Jugendbücher waren mir bekannt. Die nächste Überraschung war, dass sie sogar Schnupperpraktika anbot, davon hatte ich bei Autoren noch nie gehört. Sofort war ich Feuer und Flamme. Ohne lange nachzudenken, schrieb ich eine Bewerbung und schickte sie aufgeregt ab. Das alles, von der Entdeckung bis zum Versenden, geschah innerhalb eines Freiblocks an der Uni zwischen zwei Vorlesungen. Bis eben hatte ich noch gelangweilt in einem zugigen Flur gesessen und gehofft, dass die Zeit schnell vergeht. Und nun eine solche Entdeckung, wie aufregend! War ich verrückt, dass ich mich einfach beworben hatte? Wenn sich etwas derart richtig anfühlt, bin ich sehr impulsiv und handele direkt. Ich hatte das mit niemandem vorher abgesprochen, wusste nur, dass das Praktikum in Bayern wäre. Es dauerte nicht lange und eine Mail von Sylvia tauchte in meinem Posteingang auf. Aufgeregt öffnete ich sie und begann zu lesen. Nein, das durfte nicht wahr sein. Sie war schon voll für das nächste Jahr. Obwohl ich bis zu dem Tag nicht mal wusste, dass es eine solche Möglichkeit gab, blickte ich enttäuscht auf den Laptop. Doch als ich weiterlas, machte mein Herz einen Hüpfer. Die erste Praktikantin hatte nur eine Woche, statt der geplanten zwei Wochen Zeit. Sie bot mir die andere Hälfte an. Passte eigentlich auch mit dem Urlaubsanspruch während meiner Ausbildung besser. Nun besprach ich das mit meinem Freund und sagte zu. Noch drei Monate, ich konnte es gar nicht abwarten.

Und so fuhr ich an einem kalten Februartag 2017 nach München, wo ich mir ein kleines Apartment gemietet hatte. Nichts Besonderes, ein kleines Zimmer mit Bett, Tisch und winziger Kochecke. Ich war so gespannt darauf, Sylvia persönlich kennenzulernen. So eine großartige Autorin war doch sicher völlig abgehoben, oder? Weit gefehlt! Sie war mir direkt sympathisch, als sie mit breitem Lächeln und wuscheligem Lockenkopf die Tür ihres Privathauses aufmachte. Das hätte auch bei meinen Eltern sein können, total bodenständig und gemütlich. Tagsüber war ich immer bei ihr und erhielt Feedback zu dem bisherigen Text und darauf aufbauend weitergehende Informationen. So lernte ich Handwerkliches wie glaubwürdige Charaktere und Fantasy-Welten zu erschaffen, aber auch Organisatorisches, zum Beispiel wie ich ein Exposé an einen Verlag schicken konnte. Dafür unterstützte ich sie in ihrer Arbeit, indem ich Recherchen machte und ihr Feedback zu verschiedenen Varianten gab. Am Nachmittag ging ich dann zurück in meine Wohnung und schrieb weiter. Was blieb mir auch groß anderes zu tun, allein in einer fremden Stadt? Aber dank Sylvia und ihrer lieben Familie fühlte ich mich keineswegs einsam. Am letzten Abend war ich zum Essen eingeladen und wir waren alle ziemlich aufgekratzt, weil sie in dieser Woche zum ersten Mal auf der Spiegel-Bestseller-Liste stand.

Und dann ging es zurück nach Braunschweig. Mein Jugendbuch habe ich tatsächlich vollendet, aber bisher als Übungswerk betrachtet. Vielleicht hole ich das irgendwann noch mal hervor und überarbeite es.

In der Zwischenzeit hatte ich jedenfalls allerhand zu tun mit dem nächsten Projekt – einem Bilderbuch für Kinder, das schon den Kleinsten zeigen soll, dass sie genau richtig sind. Zum ersten Mal fand eine Symbiose aus meinen Interessen statt. Bisher war ich entweder kreativ unterwegs oder ich habe versucht, Menschen über die sozialen Netzwerke für unsere Vielfalt zu begeistern. Warum nur ein normales, unterhaltsames Buch machen, wenn ich auch andere bestärken konnte? Die Idee war geboren, doch es sollte noch drei Jahre bis zur Fertigstellung dauern.

Mittlerweile war es ein fester Bestandteil meines Lebens geworden, auf Social Media meine Gedanken zum Thema Schönheit und Selbstbewusstsein zu teilen. Schnell merkte ich, dass mir der Platz fehlte, um mich auszudrücken. Was als Reise zu mir selbst begonnen hatte, wechselte nun in die nächste Phase. Wenn ich hatte lernen können, mich zu akzeptieren, würde das doch auch anderen gelingen. An vielen Feierabenden habe ich mir eine Website gebastelt. Die unzähligen, kryptischen Fehlermeldungen haben mich zwischendurch wahnsinnig gemacht, doch mit dem Ergebnis war ich nach ein paar Wochen sehr zufrieden.

Mittlerweile hatte mich die nächste Idee gepackt. Wie wäre es mit einem Podcast? Aber irgendwie traute ich mich nicht. Meine eigene Stimme kam mir furchtbar vor. Und wenn ich mich immer verspreche? Ich merkte also, dass mein Selbstbewusstsein wieder an seine Grenzen kam, weil ich meine Komfortzone verließ.

Für den Podcast brauchte ich noch einen äußeren Anstupser. Mitte 2018 investierte ich in eine Coaching-Partnerin. Als eher sparsamer Mensch fiel mir diese Ausgabe nicht leicht, doch ich brauchte eine professionelle Sparringpartnerin.

Denn mit meinem Freund hatte ich den Deal ausgehandelt, dass ich 2020 eine Auszeit nehmen würde, um meinen Träumereien nachzugehen. Mein Studium hatte ich im Oktober 2017 abgeschlossen und direkt begonnen, als Ingenieurin zu arbeiten. An das duale Studium war glücklicherweise eine Übernahme gekoppelt. Nun wollte ich eigentlich auf Teilzeit wechseln, um mir nebenbei mehr kreativen Freiraum zu schaffen. Als ich die Antwort erhielt, dass das aktuell nicht möglich sei, war ich sehr enttäuscht. Eine Auszeit ganz ohne Einkommen schreckte mich zunächst noch ab. Außerdem war ich ja noch Berufseinsteigerin, wie würde sich das im Lebenslauf machen?

Andererseits: Wie schön musste es sein, seinen Job zu lieben? Meiner war alles andere als verkehrt, abwechslungsreich und fordernd. Das Team, in dem ich eingesetzt war, arbeitete in der Entwicklung von Elektroautos. Ein äußerst spannendes Thema, an dem ich mitwirken durfte. Die fünfjährige Ilka, die noch soziale Roboter mit Blümchen auf dem Kopf gemalt hat, wäre stolz auf mich. Einen absoluten Traumjob hatte ich da ergattert. Eigentlich. Denn ich war nicht mit dem Herzen dabei. Eine Auszeit wäre schon toll, um zu sehen, was noch möglich war. Sonst würde ich es irgendwann bereuen, wenn ich es nie versuchte. Mit der gleichen überschäumenden Motivation wie schon beim Praktikum hatte ich direkt 2019 beginnen wollen. Doch mein eher rationaler und vernünftiger Freund überzeugte mich glücklicherweise von einem Start in 2020. So hatte ich mehr Zeit, Klarheit über mein Ziel zu gewinnen und mich zu informieren. Und zur Vorbereitung hatte ich das Coaching gebucht. Wir trafen uns online und gingen meine Möglichkeiten durch. Unter anderem die Podcast-Idee gefiel meiner Mentorin und so ermunterte sie mich, damit zu starten. Kurzerhand bestellte ich mein Equipment und nahm im Norwegenurlaub die ersten vier Folgen auf und richtete alles ein. Auch am Wochenende und im Urlaub war ich häufig produktiv. Sie erklärte mir einiges über die Kreativbranche und wie ich meine Bilderbuchidee bei Verlagen einreichen konnte. Damit füllte ich dann den restlichen Urlaub, Illustrationen anfertigen, Text überlegen, Leseprobe machen, passende Verlage recherchieren und anschreiben. Angespornt durch den Austausch setzte ich alles deutlich schneller um und hatte noch im Urlaub die erste Einladung für ein Gespräch auf der Frankfurter Buchmesse. Dieses Gefühl werde ich nie vergessen. Autorin zu sein, erschien mir immer wie ein unerreichbarer Traum und plötzlich war da ein Funken Hoffnung. Das war so aufregend und ich konnte es gar nicht abwarten.

Obwohl das Gespräch auf der Messe echt gut lief und wir danach auch noch ein paar Mal konkret über die Idee gesprochen haben, wurde daraus leider nichts. Dieser Dämpfer hat mir zunächst die Lust genommen, noch mal auf einen Verlag zuzugehen, weshalb die Idee entstand, mein Buch selbst herauszubringen, als Selfpublisherin, wie man so schön sagt. Ich las mir die Vor- und Nachteile einer Verlagsveröffentlichung durch und merkte, dass beides seine Berechtigung hatte. Da es sich bei meinem Bilderbuch um ein absolutes Herzensprojekt handelte, gewann die Freude die Oberhand, es genauso gestalten zu können, wie ich wollte. Niemand redet einem hinein in Text, Illustrationen, Cover, Vermarktung. Dafür hilft einem auch niemand und alles bleibt an einem selbst hängen. Doch ich war hoch motiviert! Zum Glück wusste ich damals noch nicht, dass ich fast drei Jahre dafür brauchen würde.

2020 würde großartig werden, das hatte ich im Gefühl. Mein Jahr. Jeden Tag mit einem Lächeln aufstehen, Yoga machen, mich gesund ernähren. Mich nie wieder über etwas ärgern. Sogar einen großen Auftrag hatte ich im Voraus schon an Land gezogen, um ein bisschen Planungssicherheit zu haben. Ich durfte die ersten beiden Staffeln des Gesundheits-Podcasts »Von Achtsam bis Zuckerfrei« einer Krankenkasse produzieren. Mit der hatte ich Ende 2019 eine meiner ersten Kooperationen auf Instagram durchgeführt. Es ging um eine Kampagne zum Thema Schönheitsideale, die mir sehr gut gefallen hat. Meine Haupteinnahme sollten aber Workshops und Vorträge in Schulen sein, um Kinder für Vielfalt zu begeistern.

Und dann kam Corona. Wer hätte gedacht, wie dieses Jahr verläuft? Auf eine globale Pandemie war mein Businessplan jedenfalls nicht vorbereitet. Nun war ich umso dankbarer, dass ich den langfristigen Auftrag mit der Krankenkasse hatte. Aber die Workshops und Vorträge? Daran war derzeit nicht zu denken. Zunächst zog mich das ziemlich runter. Da gehe ich schon diesen Schritt, plane monatelang und am Ende kommt alles anders. Lange hielt das enttäuschte Gefühl zum Glück nicht an, denn so konnte ich wenigstens an diesem Buch hier arbeiten. Finanzielle Sorgen musste ich mir zwar nicht wirklich machen, weil mein Partner ja ein sicheres Einkommen hat, doch ich wollte mein Geld unbedingt selbst verdienen. Und so war es wohl Schicksal, als Josephine Drews mich fragte, ob ich von ihr als Managerin im Bereich Social Media vertreten werden wollte. Sie würde mich dann bei Kundenakquise, Verträgen und Rechnungen unterstützen. Ähnliche Anfragen hatte ich schon zweimal abgelehnt, weil die Chemie nicht gestimmt hatte. Doch diesmal hatte ich ein gutes Bauchgefühl. Sie würde sich Ende des Jahres selbstständig machen, um Menschen zu vertreten, die die sozialen Netzwerke für ihr Engagement im Bereich Vielfalt nutzen. Bingo, das passt ja. Wir vereinbarten ein Telefonat, in dem es direkt um mich geschehen war. Eine toughe und gleichzeitig liebevolle junge Frau mit raspelkurzen Haaren, mit der ich mich sofort gut verstand. Wir hatten eindeutig die gleiche Vision von einer bunten Welt. Das Thema Kooperationen wird sehr kontrovers diskutiert, weshalb ich großen Respekt hatte, den Schritt zu gehen. Die wohl bekannteste Form ist die klassische Werbung auf den sozialen Netzwerken, bei denen Influencerinnen und Influencer ihre Reichweite an Unternehmen verkaufen. Solche Anfragen hatte ich schon häufig bekommen und immer abgelehnt, weil ich die Leute, die mir folgten, damit nicht nerven wollte. Doch damals war ich auch noch in der luxuriösen Situation eines festen Gehaltes. Wir vereinbarten, es einfach mal zu versuchen, solange die Unternehmen fair und nachhaltig produzieren und ich voll hinter dem Produkt stehen kann. Vor der ersten Veröffentlichung war ich unglaublich nervös. Würde ich mein Gesicht verlieren? Ich fürchtete, dass ein großer Aufschrei erfolgen würde, dass es mir anscheinend doch nur ums Geld ginge. Zum Glück blieb ein Shitstorm völlig aus. Ich erklärte, dass mir diese Kooperationen ermöglichen, all die Posts und Podcastfolgen zu erstellen und an weniger einträglichen, aber sozial wichtigen Projekten zu arbeiten. Bisher klappt das super. Wer keine Lust auf die Werbung hat, kann einfach weiterwischen und trotzdem alles andere konsumieren. Und mir hat es die permanenten Geldsorgen als Selbstständige etwas genommen, sodass ich wieder voller Freude an kreativen Projekten arbeiten kann. Eine Win-Win-Situation. Josephine und ich teilen auch einen sehr strengen Kodex, mit welchen Firmen wir zusammenarbeiten, und lehnen den Großteil der Anfragen ab. Dadurch fühle ich mich nicht, als würde ich meine Seele verkaufen.

Doch Werbung ist nicht die einzige Art möglicher Kooperationen. Besonders große Freude machen mir Events, für die ich gebucht werde. Beispielsweise durfte ich so online Kunstkurse geben und kürzlich wurde ich sogar für ein Fotoshooting einer nachhaltigen Kosmetikmarke gebucht. Das hat mir sehr viel bedeutet, weil es mein jüngeres Selbst unglaublich bestärkt hätte, »jemanden wie mich« in der Kosmetikwerbung zu sehen. Von solchen Projekten müsste es noch viel mehr geben! Glücklicherweise scheinen immer mehr Menschen umzudenken und unsere Diversität positiv wahrzunehmen. Manchmal muss ich mich kneifen, um mir bewusst zu machen, was für eine tolle Entwicklung ich miterleben und mitgestalten darf. Ich darf an so genialen Projekten arbeiten, mit meinem Bilderbuch kann ich schon die Kleinsten bestärken, ich schreibe hier gerade in diesem Moment an meiner Biografie, Unternehmen buchen mich, weil sie mich für ein geeignetes Werbegesicht halten und im Internet kann ich vielen Menschen Mut machen. Wie ist das nur passiert? Niemals hätte ich das für möglich gehalten, habe doch immer nur das hässliche Mädchen mit der Nasen-Lippenspalte in mir gesehen. Dabei bin ich so viel mehr.

DURCH DICK UND DÜNN

Ich kann keine Liebe annehmen, wenn ich der Überzeugung bin, nicht liebenswert zu sein. Natürlich denkt man das nicht aktiv. Aber wenn man unterbewusst permanent nach Bestätigung sucht, tut man alles, um zu gefallen. Die Folge ist, dass man sich nicht mehr auf Augenhöhe begegnet. Ich schätze meine Beziehung zu Philip deshalb so, weil wir absolut gleichberechtigt sind. Ich bin nicht die mit der Lippenspalte und er der Normalo. Während sich am Anfang in das Gefühl des Glücks noch Dankbarkeit mischte, hat sich das schnell geändert. Uns beiden ist klar, dass ich nicht sein Sozialprojekt bin. Je selbstbewusster und offener ich wurde, desto mehr rückte mein Aussehen in den Hintergrund. Auch Philip machte eine Entwicklung durch. Am Anfang störten ihn noch blöde Sprüche von Schulkameraden, warum er sich mit »so einer« einlässt, er könnte doch was Besseres haben. Heute interessiert ihn so ein Unsinn nicht mehr.

Was für ein Glück, dass ich ihn habe, war lange mein Gedanke. Und das stimmt. Ebenso wie er Glück hat, mich zu haben. Wir ergänzen uns, sind füreinander da, in guten und weniger guten Phasen. Beziehung ist Arbeit. Aber eine, die sich lohnt. Denn wer sich der Illusion hingibt, dass immer alles harmonisch und rosarot ist, wird von jeder Beziehung enttäuscht werden. Es erfordert Vertrauen und Kompromisse. Philip und ich sind sehr früh zusammengezogen, wir waren gerade mal acht Monate ein Paar. Doch als ich die Zusage für das duale Maschinenbaustudium bekam, war uns gleich klar, dass wir es ausprobieren wollen. Zunächst mal aus praktischen Gründen, um während des Studiums Geld zu sparen. Aber auch, weil ich am liebsten jede Minute mit ihm verbracht hätte.

Zusammen zu wohnen, verlieh der Beziehung direkt eine große Ernsthaftigkeit. Mit zwanzig waren wir zwar noch weit davon entfernt, richtig erwachsen zu sein, aber es fühlte sich gut an, zusammen und völlig selbstbestimmt zu leben. Am Anfang haben wir die meiste Zeit zu zweit verbracht und komplett in unserer rosa Blase gelebt. Erst nach ein, zwei Jahren, als ich auch Leute in Braunschweig kennengelernt hatte, änderte sich das langsam. Wir zogen in eine neue Wohnung, in der auch Platz für Besuch war. Was mir am Anfang schwerfiel, waren längere Trennungen. Zum Beispiel wenn er den ganzen Urlaub bei seinen Eltern in Norwegen verbrachte. Während Philip mehrmals im Jahr da war, habe ich ihn nur im Sommer begleitet. Am Anfang war das echt ein großes Ding für mich, ein paar Wochen von ihm getrennt zu sein. Mittlerweile macht mir das nichts mehr aus. Ich mag zwar den Abschied nicht besonders, doch sobald der geschafft ist, ist es kein Problem mehr. Es tut unserer Beziehung sogar gut, weil man mal wieder merkt, was man aneinander hat und wie sehr man sich vermisst.

Doch dadurch haben wir lange Zeit keinen richtigen Urlaub zu zweit gemacht. Umso mehr habe ich mich gefreut, als Philip mir zum Geburtstag im Januar 2019 einen Gutschein für eine Überraschungsreise geschenkt hat. Unser erster richtiger Urlaub zu zweit nach sieben

Jahren Beziehung. Wir einigten uns auf einen Zeitraum und ich erfuhr erst kurz vorher, welche Kleidung ich einpacken sollte. Und so fuhren wir im Sommer 2019 nach Hamburg zum Flughafen. Weil ich so viel Spaß an dieser Überraschung hatte, bin ich mit Scheuklappen durch den Flughafen gelaufen, um bloß nicht zu erfahren, wo wir hinfliegen. Erst kurz vor dem Abflug, als um mich herum plötzlich alle Leute in britischem Englisch gesprochen haben, konnte ich es eingrenzen. Nur den genauen Ort kannte ich weiterhin nicht. Vielleicht London? Ich hatte ihm so oft von der Stadt vorgeschwärmt. Aber egal wohin, solange es Großbritannien war, würde es schön sein. Obwohl ich erst einmal dort war, hatte ich mich in das Land verliebt. Vielleicht lag es an den vielen Romanen, die in England spielten und die ich besonders liebte. Wir landeten tatsächlich in London, hatte ich es doch gewusst. Aber dann stiegen wir in eine andere Bahn, als ich vermutet hatte. Das war noch gar nicht unser Endziel, es ging weiter nach Cambridge. Wir zogen unsere Koffer durch einen niedlichen Vorort und waren direkt von dem britischen Flair begeistert. Die Luft war kühl und die Sonne ging leuchtend rot unter. Dauernd fragte ich mich, ob das nächste Haus unser Feriendomizil sein würde. Würden wir jetzt hier anhalten? Doch wir gingen weiter und weiter. Bogen in eine kleine Nebenstraße ein und klingelten an einem großen Tor. Eine nette Frau mit einem quirligen großen Hund öffnete uns und ich begriff langsam, dass wir eine AirBnB-Unterkunft hatten, die wir uns mit einer Familie teilten. Hatten wir eine Einliegerwohnung? Oder nur ein separates Schlafzimmer mit gemeinsamer Bad- und Küchennutzung? Beides nicht. Wir liefen durch den dunklen Garten, der riesig war, bis wir ganz hinten bei einem Schäferwagen ankamen. Endstation, hier würden wir bleiben. Drei Stufen führten zur Tür hoch, links befand sich eine kleine Küchenzeile, rechts ein Tisch mit zwei Stühlen. Dann konnte man an einem winzigen, aber schönen Bad vorbeigehen und kam zu einem kuschelig wirkenden Bett. Alles wirkte liebevoll und süß. Genau das Richtige für unseren ersten Urlaub zu zweit. Ich war begeistert, was er ausgesucht hatte. Wir luden nur kurz die Sachen ab und gingen anschließend in einen Pub. Ich freute mich schon auf ein kühles Cider. Dazu vielleicht etwas untypisch eine Pizza, weil sich die vegetarische Auswahl in Grenzen hielt, aber das war mir egal. Ich hörte überall diesen britischen Akzent, sah die urige Gestaltung des Pubs, gegenüber saß Philip, der mich anstrahlte, was wollte ich mehr?

Den gesamten Urlaub befand ich mich in einem euphorischen Glückszustand. Ich kann gar nicht sagen, was mir am besten gefallen hat. Das leckere Essen, das Harry Potter Filmstudio und der süße Schäferwagen gehören auf jeden Fall zu den Höhepunkten. Es war ein wunderschöner Urlaub, der mir gezeigt hat, wie wichtig es ist, nicht nur den Alltagstrott zusammen zu verbringen. Deshalb hatten wir uns für das Jahr 2020 fest vorgenommen, wieder eine großartige Reise zu machen. Zunächst hatten wir große Pläne und an Thailand oder Sri Lanka gedacht, sind dann aber aufgrund der Kurzfristigkeit bei Wien gelandet. Zum Glück hatten wir noch nichts konkret geplant, denn Corona kam dazwischen. Wir brauchten trotzdem Tapetenwechsel und so wurde relativ spontan der Plan geboren, an die Mosel zu fahren und die Fahrräder mitzunehmen. Das Wetter war wechselhaft, manchmal sonnig, meist eher trüb. Erst für den letzten Tag war Sonne angesagt, was wir nutzen wollten, um noch mal auf einen Aussichtspunkt zu wandern, mitten durch die Weinberge. Oben angekommen, ließen wir uns auf einer Bank nieder und tranken Kaffee, den Philip zu Hause zubereitet hatte. Nach einer Weile spürte ich etwas Weiches am Arm und schaute auf ein Kuscheltier-Einhorn herunter. »Ein Geschenk für dich«, war alles, was Philip dazu sagte. Schnell ratterte mein Gehirn. Wofür konnte das sein? Sicherlich für das erfolgreiche Crowdfunding für mein Bilderbuch, bei dem wir das erste Ziel gerade erreicht hatten. Wie süß von ihm. Ich schaute es mir an und bemerkte den Ring auf dem Horn. Dieser sah so zart aus und wackelte auch nicht, bestimmt gehörte der zum Einhorn dazu? Oder nicht? Sollte er etwa? Das konnte nicht sein, er wollte doch nicht … meine Gedanken wurden von seinen Worten unterbrochen: »Willst du meine Frau werden?« Ich blickte zu ihm hoch. Seine belegte, zittrige Stimme hatte mir schon verraten, was ich nun sah. Er war mindestens genauso aufgeregt wie ich und hatte ganz feuchte Augen. Spätestens jetzt brachen bei mir die Dämme. Ich begann hemmungslos zu weinen, nicht so ein schönes dezentes Weinen, wie man es in einem Film an dieser Stelle sehen würde. So viele Gedanken kreisten durch meinen Kopf, die ich alle nicht richtig greifen konnte. Nach einer gefühlten Ewigkeit fiel mir ein, dass ich ihm noch gar keine Antwort gegeben hatte. Nicht, dass er dachte, ich wolle ihn gar nicht heiraten. Also hauchte ich schnell ein »Ja, unbedingt«, bevor meine Stimme versagte.

Den restlichen Tag befand ich mich auf einer Glückswolke. Obwohl es nur eine Änderung auf dem Papier sein würde, bedeutete es mir viel. Jemanden zu ehelichen, heißt für mich, daran zu glauben, dass man sein ganzes Leben miteinander verbringen kann. Philip hatte eigentlich nie heiraten wollen. Im Laufe der Zeit hatte ich mich damit arrangiert, denn man kann auch ohne Ehe glücklich sein. Niemals würde ich ihn zu etwas überreden, was er nicht wollte. Umso größer war die Überraschung. Auf dem Weg den Berg hinunter, plapperte ich unentwegt. Dabei musste ich immer wieder auf meine Hand starren, um mich zu vergewissern, dass da wirklich ein Ring an meinem Finger steckte. Es ist kein Ring, der anderen etwas beweisen muss, eher zierlich und schlicht, aber dennoch verspielt. Ich liebe ihn. Jetzt wollte ich alles wissen, wie lange er das schon plante, ob die Entscheidung für den Ring schwierig war, hatte er eigentlich einen anderen Plan, warum da oben? Fragen über Fragen. Er erklärte mir, dass er seine Einstellung zum Heiraten vor ungefähr zwei Jahren geändert hatte. Doch das konnte er mir natürlich nicht mitteilen, weil ich dann immer mit einem Antrag gerechnet hätte. Deshalb wollte er unbedingt diesen großen Urlaub machen. Er bat zwei Freundinnen von mir um Hilfe für den Ring und besorgte das Kuscheltier, auf dessen Horn er ihn stecken wollte. Mehrmals war es wohl sehr knapp, dass ich davon Wind bekam.

Wieder daheim begannen wir mit der Planung und buchten für den April 2021 ein wunderschönes Rittergut für eine freie Trauung und anschließende Feier. Ganz im Grünen und eher rustikal – das passte gut zu uns. Ich fand schnell mein absolutes Traumkleid und fieberte dem Tag entgegen. Doch je näher das Datum rückte, desto klarer wurde, dass Veranstaltungen dieser Art aufgrund der Pandemie nicht möglich sein würden. Wir überlegten hin und her, was wir tun sollen. Vielleicht um ein Jahr verschieben? Doch niemand konnte einem garantieren, dass es dann besser wäre. Letztlich überlegten wir uns, was für uns persönlich wirklich wichtig ist. Natürlich hatte ich mich auf die freie Trauung und die große Feier sehr gefreut. Doch eigentlich ging es nur um die Liebe zwischen Philip und mir. Und die wollten wir jetzt endlich offiziell besiegeln. Da wir zumindest gerne unsere Eltern dabeihätten, haben wir die Hochzeit in den August 2021 geschoben. Wenn alles gut läuft, sind wir also am Erscheinungstag dieses Buches frisch verheiratet. Wir hoffen, dass dann eine Feier im kleinen Kreis möglich ist. Und wenn nicht, werden wir dennoch heiraten und zusammen mit den Katzen in unserer Wohnung feiern. Wir werden den Tag auf jeden Fall genießen und das Beste daraus machen. Denn ich kann es gar nicht erwarten, diesen wunderbaren Menschen zum Mann zu nehmen.

WAS IST SCHON NORMAL?

Niemals hätte ich gedacht, dass ich mal über Selbstliebe ein Buch schreiben werde. Doch es macht mich wahnsinnig stolz, auch wenn der Schreibprozess von vielen Zweifeln begleitet war. Wer sollte schon ein Buch von mir lesen? Was hatte ich groß mitzuteilen? Wem würde meine persönliche Geschichte etwas nützen?

Doch wenn es nur ein paar Menschen hilft, die selbst nicht mit sich im Reinen sind, dann hat es sich schon gelohnt. Vielleicht kann ich Eltern, deren Kind eine Fehlbildung hat, so etwas Mut machen. Ganz nach dem Motto, wenn Ilka glücklich werden konnte, wird unser Kind das auch schaffen.

Durch meine Arbeit in den sozialen Netzwerken werde ich mit vielen verschiedenen Meinungen zum Thema Vielfalt konfrontiert. Das ist nicht immer leicht und tut oft weh. Zusätzlich beobachte ich in unserer Gesellschaft eine zunehmende Polarisierung. Debatten um Vielfalt, Geschlechtsidentitäten und ähnliche Themen spalten die Gemüter und werden leidenschaftlich diskutiert. Doch fast nie gibt es ein richtig oder falsch. Statt nur schwarz oder weiß zu sehen, sollten wir in Graustufen denken.

Eigentlich wissen wir, dass Menschen völlig unterschiedlich sind. Dennoch unterscheiden wir häufig in normal und anders. Das erweckt die Illusion, es gebe eine

Mehrheit, die gleich ist. Und dann gibt es noch den Rest. Doch lassen sich die angeblich »Normalen« alle in eine Schublade packen? Diese Gruppe ließe sich ewig weiter aufteilen. Auch in dieser Gruppe sehen alle verschieden aus, mögen nicht die gleichen Dinge, stecken in völlig anderen Lebenssituationen.

Wenn wir nicht nur auf das Offensichtliche schauen, profitieren alle. Wir sollten uns auf unsere Stärken und Gemeinsamkeiten konzentrieren, statt auf die Unterschiede. Vermeintliche Makel können sich so als wahrer Segen entpuppen.

Für eine Welt, in der jeder Mensch so sein kann, wie er möchte. Allein bei dem Gedanken kribbelt es vor Aufregung in meinem Körper. Noch sind wir da nicht, aber ich glaube fest an diese Vision. Nach dem Motto »Leben und leben lassen« setze ich mich dafür ein, dass unsere Vielfalt als Bereicherung wahrgenommen wird.

Häufig steckt Unwissen hinter Ängsten und Vorurteilen anderen gegenüber. Wir wissen nicht, wie wir mit Menschen umgehen sollen, die uns fremd sind. Ihr Verhalten oder Aussehen führt zu einer Abwehrreaktion, die wir selbst nicht verstehen können. Das ist völlig normal und geht auch mir so.

Umso wichtiger, dass wir etwas dagegen tun. Ich muss nicht jeden Menschen oder Lebensstil mögen. Aber solange mir eine Person nichts getan hat und niemanden schlecht behandelt, verdient sie meinen Respekt.

Es gibt viele Faktoren, die beeinflussen, wie zufrieden wir mit uns selbst sind. Wir alle kommen auf die Welt und zweifeln nicht direkt an uns. Doch im Laufe des Lebens werden viele Erwartungshaltungen auf uns übertragen. Ohne es zu merken, formt das Umfeld unser Denken. Es ist nicht leicht, den richtigen Mittelweg zu finden. Wird einem Kind zu oft gesagt, wie hübsch es ist, kann das dazu führen, dass es diesen Zustand unbedingt aufrechterhalten möchte. Veränderungen am Körper werden kritisch wahrgenommen und Probleme mit dem Älterwerden können eine Folge sein. Also lieber gar nichts dazu sagen? Das Kind nie loben? Das kann auch nicht der Weg sein.

Noch habe ich keine eigenen Kinder, aber ich habe häufig über ihre Entwicklung nachgedacht. Viele Erfahrungen müssen wir wahrscheinlich einfach selbst machen. Es ist nicht realistisch, dass wir nur mit Samthandschuhen angepackt werden. So ist das Leben nicht. Wichtig ist nur, dass wir, wenn etwas schiefläuft, einen sicheren Hafen haben. Die bedingungslose Liebe meiner Eltern konnte nicht verhindern, dass ich eine Weile gebraucht habe, um mich wirklich zu akzeptieren. Aber sie hat die fiese Stimme in meinem Kopf meist zu einem leisen Flüstern verstummen lassen.

Ich wünsche Ihnen als Leserin oder Leser, dass Sie an sich glauben und ein zufriedenes Leben führen können. Jedenfalls an den meisten Tagen, denn auch weniger schöne Momente gehören dazu. Verschwenden Sie Ihre Zeit nicht damit, sich oder andere Menschen in ein Korsett zu drängen. Versuchen Sie doch mal, so glücklich zu werden, wie Sie sind. Statt sich zu fragen, wie man besser, klüger und hübscher werden kann. Ich weiß, dass das nicht immer einfach ist. Aber jeder Tag, an dem es gelingt, ist ein guter Tag.

Und wie ich immer so gerne sage: Sie sind wunderbar, genauso wie Sie sind!

.

DANKE

Dieses Buch war eine emotionale Achterbahnfahrt für mich. Jetzt ist es tatsächlich geschafft. Das Wühlen in Erinnerungen war nicht immer angenehm, hat mir aber häufig ein Lächeln aufs Gesicht gezaubert. Zum Beispiel, wenn mir mal wieder bewusst wurde, was für eine großartige Familie ich habe. Eure Unterstützung damals wie heute bedeutet mir unendlich viel.

Der besondere Dank gilt meinem Freund. Egal welches Problem ich hatte, du hast mir eine Lösung aufgezeigt. Außerdem erhältst du fünf Sterne für die exzellente Versorgung mit Kaffee und Rumkugeln. Ich liebe dich über alles.

Wenn ich mal wieder an mir und dem Buch gezweifelt habe, mussten mich viele Menschen beruhigen. Dazu gehören wunderbare Freundinnen und Freunde, Schwiegereltern, aber auch professionelle Schreibunterstützung.

Ohne meine Lektorin Heike Hermann wäre dieses Buch nicht halb so gut. Danke für Ihre Struktur, wenn ich mich mal wieder verloren habe, und für den Glauben an das Projekt.

Ebenfalls geholfen hat mir der Austausch mit anderen Schreibenden wie Alexandra Brosowski und Julia Zieschang. Eure Worte haben mir stets Mut gemacht.

Außerdem noch vielen Dank an meinen Agenten Stefan Linde, ohne den es dieses Buch nie gegeben hätte.

Und zum Schluss möchte ich mich noch von Herzen bei Ihnen bedanken, weil Sie dieses Buch gelesen haben. Das bedeutet mir sehr viel und ich würde mich sehr freuen, Sie mal auf einer Lesung begrüßen zu dürfen.